# 왜
## 6월
### 민주 항쟁이
일어났을까?

교과서 속 역사 이야기, 법정에 서다

60
역사공화국
한국사법정

최애국 vs 나민주

# 왜 6월 민주 항쟁이 일어났을까?

글 함규진 | 그림 황기홍

|주|자음과모음

여러분! 6월 10일에 어떤 일이 있었는지 아시나요?

모르신다고요? 그럼 6월 29일은요?

둘 다 달력에 빨간 날로 되어 있지도 않은데 어떻게 알겠느냐고요?

하하, 그럴 수도 있겠네요.

하지만 1987년 6월은 우리 대한민국의 역사에서 매우 중요한 일이 벌어진 때였어요.

당시 국민이 원하고 기다리던 민주주의를 정부에서 가로막고 나서자, 참다못한 국민은 마침내 저항에 나섰지요. 박종철, 이한열이라는 두 젊은 대학생이 목숨을 잃은 것도 국민들의 인내심을 바닥냈답니다.

그래서 6월 10일부터 시작된 민주화 시위는 대한민국을 온통 뒤흔들었고, 마침내 당시의 정부는 6월 29일에 국민의 뜻을 받아들이겠다고 선언함으로써 국민에게 '항복'했지요. 이 일을 '6월 항쟁'이라고 불러요.

1960년의 4·19 혁명, 1979년의 부마항쟁, 1980년의 광주 민주화 운동 등과 더불어, 1987의 6월 항쟁은 이 나라의 민주주의가 발전할 수 있게 해준 소중한 사건이었지요.

그러면 당시 국민에게 맞서서 6월 항쟁이 일어나도록 하고, 결국 6·29 선언으로 항복했던 정부는 뭐라고 부를까요? 당시 대통령이 었던 사람의 이름을 따서 '전두환 정부'라고도 할 수 있겠지만, 보통 '제5공화국'이라고 불러요. 헌법을 새로 고치면서 시작되었다가 또 다시 더 민주적인 헌법을 만들며 끝난 정부이고, 그 헌법이 건국 이래 다섯 번째의 헌법이었으므로 제5공화국이라고 하는 거죠.

여러분은 어차피 태어나기 전의 일이니 1980년대나 일제강점기 나 조선 시대나 다 비슷하게 여겨지겠지만, 어른들에게는 제5공화 국이 그리 먼 옛날이 아니에요. 그래서 그때가 지금보다 좋았다는 분도 계시고, 그토록 애써서 얻은 민주주의가 그럴 만한 가치가 있 었던 것인지 의문을 품기도 한답니다.

그래서 과연 제5공화국은 어떤 정부였고 어떤 일을 했는지, 6월 항쟁은 반드시 일어나야만 했던 것인지, 살펴볼 필요가 있어요. 어 때요, 우리 부모님이 어린 시절 겪었던 제5공화국과 6월 항쟁, 여러 분의 눈으로 그 의미를 탐구해 보지 않겠어요?

탐구해 볼 사람은 손! 하하! 그럼 모두, 출발!

함규진

차례

1980년대 말, 수출 환경의 악화
로 경제 사정이 어려워지자 많은
노력이 계속되었지만 소득 분배의
불평등 등 여러 폐단이 나타났다.

중학교

역사

X. 대한민국의 발전
　2. 민주주의의 시련과 경제 개발
　　(2) 경제 개발 계획의 추진 과정과 그 성과는?

X. 대한민국의 발전
　3. 민주화 운동과 통일을 위한 노력
　　(1) 1970년대 이후 민주화 운동의
　　　 전개 과정은?

전두환 정부는 정의 사회의 구현과
복지 사회의 건설을 내세웠으나 각
종 부정과 비리로 비판을 받았다. 결
국 민주화의 열망은 6월 민주 항쟁
으로 승화되었고 6·29 민주화 선언
으로 이어지게 되었다.

전두환을 비롯한 신군부 중심의 상임 위원회는 국가 기강을 확립한다는 명분으로 집권을 위한 기반을 다져 나갔다. 삼청 교육대를 운영하고, 정치인들의 활동을 통제하고 언론을 통폐합하였다.

| 고등학교 | 한국사 | IX. 대한민국의 발전과 국제 정세의 변화<br>　2. 민주주의의 시련과 발전<br>　　(6) 6월 민주 항쟁, 민주주의가 승리하다 |
| --- | --- | --- |

민주화의 요구가 커지자 정부는 시위를 강경 진압하고 그러던 중 박종철 학생이 조사를 받다가 사망하였다. 이에 분노한 학생과 시민이 들고일어나자 결국 전두환 정부는 국민의 요구를 받아들여 노태우 대통령 후보를 통해 대통령 직선제를 수용한다는 6·29 민주화 선언을 발표하였다.

**1963년**　박정희 정부 성립

**1970년**　새마을 운동 제창

**1974년**　북한 땅굴 발견

**1979년**　10·26 사태

**1981년**　전두환 정부 성립

**1983년**　아웅산 사건

**1986년**　제10회 아시안 게임 서울 개회

**1987년**　6월 민주 항쟁

**1988년**　노태우 정부 성립
　　　　　제24회 서울 올림픽 대회

**1991년**　남·북한 유엔 동시 가입

**1993년**　김영삼 정부 성립

**원고 최애국 (가상인물)**

제5공화국 때 자랑스러운 대한민국의 군인으로 살았어요. 그런데 요즘 역사는 군인이 정치를 한 시대를 무조건 나쁘게만 보다니 틀려먹었어요.

**원고 측 변호사 김딴지**

나, 김딴지 변호사는 역사에 관한 해박한 지식을 가지고 있으며, 잘못된 역사를 바로잡는 데 혼신의 힘을 쏟는 변호사랍니다. 이번 재판으로 역사공화국에서 명성을 이어나가려고 합니다.

**원고 측 증인 김일성 (1912~1994)**

에헴! 나로 말할 것 같으면 저 북녘 땅에서는 살아 있는 신으로 받들어지던 김일성이올시다. 남조선 동무들은 대부분 나를 싫어하지요. 하지만 과연 얼마나 떳떳하길래 그러는 걸까요?

**원고 측 증인 김재익 (1938~1983)**

저는 제5공화국 초기에 청와대 경제 수석을 지내며 경제 정책을 두루 주도했던 사람입니다. 사람들이 경제 대통령이라고도 부르더군요. 제5공화국이 이룬 경제 업적을 설명하기 위해 증인으로 나왔습니다.

**원고 측 증인 이규호 (1926~2002)**

제5공화국에서 최장수 문교부 장관을 지내며 교육 정책의 틀을 잡았죠. 제5공화국의 교육과 문화 정책에 대해 증언할 예정이에요.

**판사 정역사**

역사공화국의 공명정대한 판사 정역사입니다. 역사의 진실을 밝히고, 억울한 영혼의 억울함을 풀어 주어 많은 존경을 받고 있어요.

**피고 나민주 (가상인물)**

6월 민주 항쟁 때 시위에 참여했던 대학생입니다. 왜 이런 재판이 있어야 하는지, 제5공화국에 대한 역사적 평가에 무슨 문제가 있다는 것인지 이해가 되지 않아요.

**피고 측 변호사 이대로**

역사공화국에서 명변호사로 널리 알려진 이대로입니다. 역사의 진실은 쉽게 변하지 않는다고 생각하는 변호사지요. 여러분, 기존의 역사적 평가에는 다 이유가 있다니까요!

**김대중 (1924~2009)**

대한민국 제15대 대통령이자 한국인 최초로 노벨 평화상을 수상한 김대중입니다. 대통령이 되기 전에는 오랫동안 민주화 운동을 했고, 군부 독재 세력에 의해 목숨의 위협도 여러 번 받았어요.

**김근태 (1947~2011)**

박정희 정권부터 전두환 정권까지, 그리고 그 이후에도 군부 독재 세력과 그 잔당들에 맞서 투쟁해 왔어요. 제5공화국 때는 남영동 대공분실에서 잔인하게 고문을 당하기도 했는데, 그 이야기를 다룬 영화도 나왔다더군요.

**이한열 (1966~1987)**

연세대학교 학생으로 민주화를 요구하는 시위에 나섰다가 머리에 최루탄을 맞고 세상을 떠났어요. 당시 최루탄을 맞아 쓰러진 사진이 화제가 되어 6월 민주 항쟁이 일어났지요.

# "역사를 제대로 알아야
# 바르게 평가할 수 있다"

"얍! 이욧! 에잇! 히야얍!"

김딴지 변호사가 일하는 변호사 사무실에서 오늘따라 요상한 기합 소리가 들리더니 바닥을 치는 소리, 의자가 넘어가는 소리가 들렸다. 김딴지 변호사는 이마에 땀을 흘리며 이리저리 뛰면서 고함을 지르고 있었다. 언뜻 보면 태권도를 하는 것 같기도 하고 춤을 추는 것 같기도 했다.

"에잇, 젠장. 요 파리란 놈, 도무지 안 잡히네! 저승 파리라서 그런가? 헉헉."

김딴지 변호사는 왱왱 날아다니는 파리를 얄밉다는 듯 노려보다가 의자에 털썩 주저앉았다.

"천하의 김딴지 아니, 저승의 김딴지가 이렇게 파리만 날리고 있어서야……. 게다가 월급을 못 받았다고 비서까지 그만둬 버리고. 내가 어쩌다 이렇게 됐지? 이제 은퇴할 때가 됐나?"

김딴지 변호사는 시무룩한 표정으로 뭔가 골똘히 생각하는 것 같더니 금세 스르르 눈을 감고 입을 반쯤 벌린 채 코를 골기 시작했다.

얼마 뒤 '똑똑똑' 하는 노크 소리가 들렸다. 김딴지 변호사는 여전히 코를 골며 잠을 자고 있었다.

"계십니까?"

다시 노크 소리가 났다.

"저기요, 아저씨! 이렇게 막 들어가시면 안 돼요."

"대답이 없는데 그럼 어쩌란 말이오? 문도 안 잠겼으니 사람이 있을 게 아니오."

"그래도 이건 예의가 아니죠!"

"예의? 그럼 새파랗게 젊은 처녀가 할아버지뻘 되는 아저씨한테 바락바락 대드는 건 어느 나라 예의인가?"

군인 복장을 하고 머리가 하얗게 센 남자와 티셔츠에 청바지를 입은 젊은 아가씨가 실랑이를 하며 사무실로 들어왔다. 그때까지도 김딴지 변호사는 일어날 줄 몰랐다.

"허험, 음. 흠!"

남자가 큰 소리로 헛기침을 하며 눈치를 살폈지만 아무 반응이 없자 결국 소리를 버럭 질렀다.

"이봐요, 이봐! 벌건 대낮에 언제까지 잘 거요? 완전히 군기가 빠졌군. 동작 그만! 기립! 차렷!"

　　사무실이 쩌렁쩌렁 울리는 아저씨의 목소리에 김딴지 변호사가
화들짝 놀라 벌떡 일어났다. 급하게 일어나느라 의자가 꽝 소리를
내며 뒤로 넘어갔다. 그 모습을 보고 아가씨가 남자에게 소리쳤다.

　　"아니 정말 이 아저씨가…… 여기가 군대예요? 동작 그만은 뭐고
차렷은 뭐예요!"

　　"아가씨도 나도 바쁜 사람 아니오? 그런데 이렇게 태평하게 잠만
자는 걸 언제까지 보고 있을 수만은 없지 않겠소?"

"그래도 그렇지, 남의 사무실에서 이런 태도는 아니죠. 이승에서 어떻게 살아오셨는지 안 봐도 훤하네요."

"이 아가씨가……."

자신은 안중에도 없이 서로 소리치며 씩씩대는 두 사람을 한동안 멍하니 보던 김딴지 변호사가 정신을 차리고 말했다.

"저, 저기요. 제가 김딴지입니다만 어떤 일로 오셨는지요?"

그제야 남자는 김딴지 변호사를 보고 인사를 했다.

"아, 안녕하십니까. 이거 실례했습니다. 이 아가씨가 화를 돋우는 바람에, 좀 소란을 피웠네요."

"무슨 말씀이세요? 아저씨가 먼저 말도 안 되는 소리를 했잖아요!"

"뭐라고? 정말 보자 보자 하니까!"

몸싸움을 할 듯 긴장된 분위기를 풍기는 두 사람 사이에 김딴지 변호사가 끼어들면서 말했다.

"저기요, 저기요! 무슨 사정이신지는 몰라도, 싸우는 건 나가서 해 주세요. 저를 찾아오신 용건이 뭡니까?"

"이거 참, 초면에 실례가 많습니다. 저는 최애국이라고 합니다. 직업 장교로 군대에서 평생을 보냈고, 얼마 전 저승으로 왔지요. 그런데 여기 있으면서도 너무 애석하고 답답해 변호사님을 찾아오게 되었습니다. 그리고 한국사법정에서라도 억울함을 풀고 싶어서, 소송을 의뢰하러 온 겁니다."

"억울한 건 오히려 저라고요."

"잠깐만요, 아가씨. 아가씨 이야기는 조금 있다 듣죠. 최애국 씨,

구체적으로 뭐가 그렇게 억울하신 건가요?"

"네, 말씀드렸다시피 저는 대한의 군인으로 살아왔고 그것을 자랑스러워합니다. 그리고 아시겠지만 우리 현대사에는 군인들이 정치를 했던 때가 있었지요. 물론 그게 꼭 바람직하다고는 할 수 없습니다. 군인은 나라를 지키는 게 본분이지 직접 정치를 하는 건 아니라고 생각하거든요."

"제 말이 그 말이에요!"

"거 참, 자꾸 말을 끊을 거요?"

"아가씨는 조금 기다리시라니까요. 계속 해 보세요, 최애국 씨."

"고맙습니다. 하지만 당시는 군인들이 나설 수밖에 없던 위기 상황이었습니다. 박정희 대통령, 전두환 대통령 모두 나라를 사랑하는 마음에서, 정치군인이라는 손가락질을 감수하고 정치에 뛰어드신 분들이십니다. 그리고 나라를 위기에서 구했을 뿐 아니라 많은 빛나는 업적을 이루었습니다. 하지만 오늘날의 평가는 어떻습니까? 영웅 대접은 못할망정, 다른 나라의 무능한 독재자들과 마찬가지로 취급하고 있습니다."

"흐음."

김딴지 변호사는 고개를 끄덕였고, 아가씨는 하고 싶은 말을 참느라 힘들어 보였다.

"그래도 박대통령의 제3, 4공화국은 조금 낫습니다. '독재였지만 경제는 발전시켰다.'는 식으로 교과서에 쓰여 있는 경우가 많으니까요. 하지만 제5공화국은 어떻습니까? 교과서를 보면 독재했다, 민주주의를 탄압했다는 말밖에 없습니다. 그 시대를 살아 보지 않은 요즘 아이들은 그게 진짜인 줄 알고, 제5공화국은 태어나서는 말았어야 할 정권이라고 생각합니다. 이것은 엄연한 역사 왜곡입니다. 저는 역사공화국에서 이 잘못을 바로잡아 주기를 강력히 희망합니다!"

"이젠 제가 말해도 되나요?"

차가운 얼굴로 팔짱을 끼고 있던 아가씨가 입을 열었다.

"네, 말씀해 보시죠."

"안녕하세요. 저는 나민주라고 합니다. 방금 이분이 '그 시대를 살아 보지 않은'이라고 하셨는데, 저는 보시다시피 젊은 나이지만 그 시대를 살았습니다. 그것도 아주 치열하게요. 변호사님도 1987년의 6월 민주 항쟁에 대해서는 알고 계시죠? 저도 민주화 시위에 참여하여 또래 학생들과 거리를 달렸어요. '호헌 철폐, 독재 타도!'를 외치며 말이죠. 군인의 본분이 국방이듯이 학생의 본분은 공부인데, 우리가 나서지 않을 수 없을 만큼 당시의 제5공화국은 암울하고 비참한 시대였어요. 저는 민주화 투쟁 때 탄압으로 죽은 게 아니라 교통사고로 이곳에 오게 되었지만, 투쟁 도중 목숨을 잃은 열사들도 많답니다. 제가 한 일은 아주 보잘것없지만 우리나라 민주주의를 위해 한몫할 수 있어서 자랑스러워하고 있어요. 그런데 이 군인 아저씨가, 제5공화국이 훌륭했다느니, 전두환이 영웅이라느니 하는 망발을 하시는 게 아니겠어요? 하도 어이가 없어 한참 입씨름을 하던 끝에, 그러면 법정에서 해결을 보자는 데 의견이 일치해서 이곳까지 오게된 거예요."

"그 시대를 살았다고 해도, 머리에 피도 안 마른 젊은이가 뭘 알았 겠어요? 젊은 것들은 그저 허울만 좋은 명분만 좇으면서 아무런 대 안도 없이 비판할 줄만 알지."

"저도 지금 참고 있으니까, 그만하시죠? 아무리 얘기해도 끝이 나 지 않으니 여기까지 온 거 아닌가요? 그런 말씀은 법정에서 하시라 고요."

두 사람은 서로 잡아먹을 듯 노려보다가, 동시에 김딴지 변호사에 게 고개를 돌렸다. 김딴지 변호사는 모처럼 받은 일이라 눈을 반짝 이며 두 손을 비볐다.

"잘 알겠습니다. 이 사건을 맡기로 하지요. 그러면 지금의 역사 서 술에 이의를 제기하시는 분은 최애국 씨이고, 그 입장에 반대하시는 분은 나민주 씨인 거죠? 그럼 나민주 씨는 피고가 되시고, 최애국 씨 는 원고가 되셔서 제 도움을 받으시면 되겠군요. 귀신도 울리는 딴 지 솜씨를 이번 재판에서 보여 드리겠습니다."

# 민주화 운동과 6월 항쟁

박정희 대통령이 죽은 뒤 어수선한 틈을 타 1979년 12월 12일, 전두환을 비롯한 신군부 세력이 정권을 잡게 됩니다. 전두환 정권의 집권이후, 학생과 시민들은 민주주의를 쟁취하기 위해 민주화 운동을 벌입니다. 하지만 전두환 정권은 이를 강경하게 탄압하고 정권을 지키기위한 일들을 계속합니다.

그러던 1987년 1월, 당시 서울대 학생이었던 박종철이 치안본부 대공수사단에 연행돼 조사받던 중 사망하는 사건이 일어나게 되지요. 이일을 계기로 시위가 전국적으로 확대됩니다.

1987년 4월 13일, 전두환 대통령은 국민들의 이런 마음을 무시한 채자신의 정권에 위협이 되는 개헌 논의를 중지할 것 등을 핵심 내용으로 하는 '4·13 호헌 조치'를 발표하였습니다. 이러한 불법적인 행동을시민들은 가만히 보고 있을 수만은 없었습니다.

게다가 5월 18일 천주교정의구현사제단에 의해 박종철의 죽음이고문에 의한 것이었고, 이를 은폐하려고 조작했다는 것이 밝혀졌습니다. 또한 6월 9일 연세대생이었던 이한열이 시위 과정에서 머리에 최루탄을 맞고 의식 불명이 된 것이 알려지면서 학생들은 물론 문화계,

종교계 등 많은 시민들이 들고일어나게 됩니다. 6월 15일까지 명동 성당 농성 투쟁이 전개되고, 18일 최루탄 추방 대회가 열리고, 26일 민주 헌법 쟁취 대행진이 열리는 등 20여 일간 전국에서 500여만 명이 참여하는 거리 집회와 시위가 계속되었지요.

결국 6월 29일 노태우 민정당 대표위원이 대통령 직선제 개헌 내용을 담은 '시국 수습 특별 선언'을 발표하면서 6월 민주 항쟁은 끝났습니다.

6월 항쟁이 일어난 6월 10일은 일제 강점기인 1926년 독립운동가들과 학생들이 주축이 되어 벌인 6·10 만세 운동이 일어난 날이기도 해 더욱 의미가 깊습니다.

6월 민주 항쟁이 있었던 명동 성당

| 원고 | 최애국 | 대리인 | 김딴지 변호사 |
| 피고 | 나민주 | 대리인 | 이대로 변호사 |

## 청구 내용

역사는 공명정대해야 합니다. 또한, 모든 시대나 인물에는 밝은 면과 어두운 면이 있습니다. 그 밝은 면과 어두운 면을 빠짐없이, 치우침 없이 다루어야 참된 역사일 것입니다. 그런데 오늘날 현대사의 군사정권에 대하여, 특히 제5공화국에 대하여는 밝은 면은 외면하며 어둠만을 필요 이상으로 부각시키는 역사가 당연한 듯 쓰이고 있습니다.

수천, 수백 년 전의 역사라면 자료의 부족으로 자세하게 서술할 수 없거나 한쪽 입장만 반영하여 쓸 수밖에 없는 수도 있을 것입니다. 고조선에 대한 역사 서술이 얼마 안 되고, 삼국시대 역사에 대해 주로 중국과 신라의 입장이 반영된 자료에 의존하는 예가 그렇습니다. 하지만 제5공화국은 불과 수십 년 전의 역사입니다. 당시의 자료가 넘칠 만큼 많이 남아 있습니다. 그런데도 지금 현대사는 제5공화국의 업적을 아예 빼 버리거나, 한쪽으로만 평가한 내용만을 다룸으로써 이해할 수 없는 서술을 해 놓았습니다. 그리고 우리 후손들에게 그런 불공평한 역사를 교육하고 있습니다.

따라서 이를 바로잡아, 제5공화국의 역사적 불가피성을, 그리고 그 여러 업적을 널리 알리고 후세에 길이 전하는 것이 역사에 부끄럽지 않은 길이라 확신합니다. 이에 그런 '역사 바로 세우기'를 거부하는 무리를 고발하며, 한국사법정을 통하여 바른 역사를 세우기를 바라는 마음에서 재판을 청구합니다.

---

## 입증 자료

- 초등학교 사회 5-2 '민주화와 경제발전'
- 중학교 역사 교과서
- 고등학교 한국사 교과서
  그 외 자료 추후 제출하겠음.


위 청구인 최애국
역사공화국 한국사법정 귀중

# 왜 제5공화국이 생겨났을까?

1. 군인들은 왜 정치를 하려 했을까?
2. 과연 북한의 위협이 있었을까?

# 1

# 군인들은 왜
# 정치를 하려 했을까?

**판사**   재판을 시작하기 전에 잠깐 말하자면, 수많은 재판을 해 왔지만 오늘처럼 방청석이 둘로 나뉜 경우는 처음 보는 것 같군요. 군복 차림을 한 중년 이상의 남자 분들이 절반 이상이고, 나머지 절반은 양복 차림이신 분도 있지만 대부분 젊은 학생들처럼 보이는군요.

김딴지 변호사   그렇습니다. 아무래도 이 재판의 특성상, 방청석에 앉은 사람들도 사실상 '피고' 또는 '원고'와 같은 처지입니다. 나민주 씨와 최애국 씨는 그들의 대표인 셈이지요.

이대로 변호사   후유, 후유…….

**판사**   이대로 변호사, 왜 재판을 시작도 하기 전에 그런 얼굴로 한숨만 쉬고 있는 겁니까?

김딴지 변호사   이길 자신이 없으신가 보군요. 하핫!

왜 6월 민주 항쟁이 일어났을까?

**이대로 변호사**　무슨 말씀이세요? 저는 김딴지 변호사가 불쌍해서 한숨을 쉬는 겁니다.

**김딴지 변호사**　네? 제가 불쌍하다고요?

**이대로 변호사**　불쌍하죠. 저한테 매번 지더니 얼마나 힘들었으면 이제는 **쿠데타**를 일으키고 군사 독재 정권을 휘두른 사람들을 변호하려 나오셨겠습니까? 보나마나 오늘 재판도 우리가 이길 테고……. 참, 소문에 은퇴를 고려 중이라던데, 이번 재판이 마지막 재판이 될 것 같네요.

**김딴지 변호사**　흥! 아무리 나쁜 사람이라도 변호받을 권리는 있죠. 그리고 흔히 알려진 것과 진실과는 차이가 있을 수 있으며 그 점을 알리고자 저 김딴지, 지금까지 변론을 해 왔습니다! 그리고 방심하지 마세요. 영웅은 늘 마지막에 이기는 것 모르나요?

**판사**　두 분! 늘 그러셨지만, 신경전은 그만하시죠. 오늘은 방청석 분위기도 만만치 않군요.

**최애국**　전우 여러분, 저보다 높은 계급도 있으시고 고참도 있으시지만, 오늘만큼은 제가 지휘를 맡겠습니다! 이 재판의 중요성은 모두 아시지요? 우리의 불타는 애국심을 모두에게 보여 줍시다. 자! **반동** 준비!

**군인 방청객**　반동 준비!

**최애국**　반동 시작! 반동 중에, 군가 한다! 군가는, '전선을 간다', 하낫, 둘, 셋, 넷!

**군인 방청객**　높은 산 깊은 골, 적막한 산하!

**쿠데타**
무력으로 정권을 빼앗는 일을 가리킵니다. 지배 계급 내부의 단순한 권력 이동으로 이루어지며, 체제 변혁을 목적으로 하는 혁명과는 다릅니다.

**반동**
어떤 작용에 대하여 그 반대로 작용함을 뜻하는 말로, 몸을 양옆으로 리듬있게 움직이는 것을 가리키는 말입니다.

눈 내린 전선을, 우리는 간다.

젊은 넋 숨겨 간, 그때 그 자리.

상처 입은 노송은, 말을 잊었네!

전우여, 들리는가! 그 성난 목소리!

전우여, 보이는가! 한 맺힌 눈동자!

**나민주**　　동지 여러분, 우리도 질 수 없지요? 민주 청년의 기상을 적들에게 보여 줍시다! 자! 모두 어깨 걸고! '임을 위한 행진곡'입니다. 하나, 둘, 셋, 넷!

**학생 방청객**　　사랑도 명예도, 이름도 남김없이!

한평생 나가자던, 뜨거운 맹세.

동지는 간데없고, 깃발만 나부껴!

새날이 올 때까지, 흔들리지 말자.

세월은 흘러가도, 산천은 안다.

깨어나서 외치는, 뜨거운 함성.

앞서서 나가니, 산자여 따르라!

앞서서 나가니, 산자여 따르라!

**판사**　　자, 조용, 조용! 이러면 재판을 진행할 수 없습니다! 경비원, 방청객들을 진정시키세요!

　　경비원들이 이리 뛰고 저리 뛰며 방청객들을 자리에 앉히고, 법정을 조용히 시켰다.

**판사**　이곳은 엄숙한 법정이지 패싸움을 하는 자리가 아닙니다. 싸움은 밖에 나가서 하십시오. 법정에서는 오직 진실과 거짓만이 싸우도록 하십시오. 그러면 잘 알아들으셨을 줄 알고, 본격적인 재판에 들어가도록 하겠습니다. 먼저 원고 측! 주장을 자세하고 체계적으로 말씀해 주세요.

**김딴지 변호사**　존경하는 판사님, 배심원, 그리고 방청객 여러분!

방금 판사님께서는 '오직 진실과 거짓만이 싸우게 하라'고 하셨습니다. 정말 누구라도 공감하지 않을 수 없는 말씀입니다. 우리는 편견과 오해를 넘어 진실을 알아야 하며, 오직 진실만을 후손들에게 전해야 합니다. 그걸 위해 한국사법정이 있고, 제가 있고, 여러분이 이 자리에 모인 것이지요.

대한민국의 현대사에는 불행한 시대가 있었습니다. 정치를 하는 정치인들이 아니라, 어제까지만 해도 병영에서 나라를 지키는 일에 여념이 없던 군인들이 뛰쳐나와 정치를 맡았던 시대였습니다. 민주주의에서 보면 당당한 시대였다고 할 수 없습니다. 일부 민주적 절차와 원칙이 무시되거나 보류되는 일도 있었기 때문입니다.

하지만 민주주의가 자리 잡힌 오늘의 생각과 느낌만으로, 그 시대는 빛도 없는 암울한 시대이고, 정치인의 자리를 대신한 군인들은 사악한 반역자요, 민주주의의 적이었다고 평가한다면 그것은 진실의 한쪽만을 보는 것입니다. 왜일까요? 여러분, 우리는 모두 헌법에 보장된 신체의 자유가 있습니다. 그러나 이제 막 걸음마를 하는 아기가 아장아장, 가고 싶은 대로 가도록 내버려 두면 어떻게 될까요?

당연히 계단에서 구르거나 차에 치는 일이 일어날 것입니다. 그래서 스스로가 충분히 자기 몸을 가눌 수 있고 지킬 수 있을 때까지 어른들이 아이의 신체의 자유를 구속하는 일은 자연스럽고, 정의에 어긋나는 일이 아닙니다.

정신이 불안정한 사람에게 운전을 맡기거나, 도박 중독인 사람에게 단체의 돈 관리를 맡겨서도 안 되겠지요. 우리는 기본적으로 모두 자유로워야 하지만, 경우에 따라서는 그 자유를 적절히 제한하는 일이 그 사람에게나 남들에게 옳은 일일 수 있다는 말씀입니다.

민주주의도 그렇습니다. 주권자인 국민이 직접 정치를 하는 것이 민주주의이겠지만, 국민이 제대로 정치를 할 여건이 되지 않는다면 어떻게 해야 할까요? ▶1960년대 초와 1980년대는 경제 위기가 국민의 목을 죄고 있었고, 북한이 또다시 전쟁을 일으켜서 한반도 적화통일의 숙원을 이루려는 때였습니다. 그래서 국민은 간첩들의 선동과 공작, 그리고 무능하고 부패한 정치인들의 당파 싸움으로 무엇을 믿고 어떤 정치적 선택을 해야 할지 모르던 상황이었습니다.

그래서 군인들이 일어섰던 것입니다. 질서를 회복하고, 무너질 뻔한 경제와 안보를 지키고, ▶▶만년 후진국에 머물 줄만 알았던 한국의 경제 수준을 선진국에 가까운 수준까지 끌어올렸습니다. 그리고 다른 나라의 정치군인과는 달리 민주주의를 지키고 그 원칙을 너무 제한하지 않으려 애썼으며, 마침내 평화롭게 민간인에게 권력을 넘겨주었습니다. 그렇다면 당시의 어쩔 수 없는 사정과 필요성은 인

교과서에는

▶ 1961년 우리나라의 연간 수출액은 4000만 달러에 불과했습니다. 가난으로 나라 전체가 배고픔에 시달리고 있었던 시기였습니다.

▶▶ 1977년 11월 30일 우리나라 연간 수출액은 100억 달러를 돌파하였습니다.

정해 줘야 하지 않을까요? 그들의 우국충정을 칭찬하지는 못할망정 역사의 죄인으로 매도하는 일이 과연 정의로울까요?

저는 올바른 역사를 다시 쓰는 첫걸음, 그것이 이 법정에서 떼어지기를 간절히 바라며, 이만 마치겠습니다.

김딴지 변호사가 말을 끝내자 방청객 중 군인들은 박수를 치고 학생들은 야유를 보냈다.

**판사** 잘 들었습니다. 그러면 피고 측, 발언해 주시죠.

**이대로 변호사** 판사님, 배심원 여러분, 방청객 여러분, 특히 살아생전 민주화 투쟁에 참여하여 군사 독재의 억압에서 민주주의가 바로 서는 데 큰 힘이 되어 주셨던 많은 분들! 오늘 이 자리를 빌어 여러분의 희생에 감사드리며, 동시에 정권에 욕심이 난 간악한 정치군인들, 패자의 마을밖에는 갈 곳이 없는 그들이 소송을 건 이 어이없는 재판에 여러분이 오시게 된 것을 송구스럽게 생각합니다. 하지만 한편으로 이번 기회에 저들이 다시는 이 일을 입에 담지 못하도록 쐐기를 박는 것도 좋겠지요.

저들의 주장이 왜 말이 안 되느냐, 그것은 실제 역사와 저들이 주장하는 역사는 전혀 동떨어져 있기 때문입니다.

첫째, 군사 쿠데타가 일어나던 시기에 북한이 남침할 가능성은 없었습니다. 저들은 자신들의 반란을 정당화하기 위해 헛소문을 퍼트렸습니다.

둘째, 군사 정권 시기에 한국이 빠른 경제 성장을 이룬 것은 사실이지만, 그것은 저들이 잘해서가 결코 아니었고, 민간 정권이었다면 더 빨리 그리고 아마도 더 고른 성장이 가능했을 것입니다.

셋째, 군사 쿠데타가 일어나기 전에 ▶우리 국민은 4·19 혁명과 부마 항쟁을 비롯한 숭고한 민주화 투쟁을 벌이며, 올바른 시민 의식을 가지고 정치의 주체가 될 수 있음을 입증하고 있었습니다. 그런데 저들이 총칼로 민주주의의 공든 탑을 허물어 버린 것이지요.

그뿐만 아닙니다. 저들은 불법적으로 정권을 차지하고는 그 정권을 잃지 않으려 정당 활동을 억제하고 주요 정치인들의 손발을 묶었으며, 언론을 통제하여 정권 홍보만을 담당하는 '어용 언론'으로 만들었습니다. 그리고 이에 저항하던 많은 사람들의 생명을 빼앗았습니다. 그래서 저들을 반란자, 독재자, 심지어 학살자들이라고 하는 것입니다.

국민은 박정희의 군사 독재 정권에서 비로소 벗어나는가 보다 했는데, 군인들은 그 꿈에 찬물을 끼얹었습니다. 또한 ▶▶5·18 민주화 운동을 잔인하게 짓밟았습니다. 이런 자들을 엄히 단죄하지 못한다면 정의는 어디 있을까요? 역사는 무슨 가치가 있을까요? 이 신성한 법정에서 진정한 역사의 심판이 명백하게 이루어질 것을 믿어 의심치 않으며, 이만 마칩니다. 감사합니다.

이대로 변호사가 자리로 돌아오자 이번에는 학생들이

교과서에는

▶ 4·19 혁명은 자유 민주주의를 수호하기 위해 학생과 시민들이 일으킨 것입니다. 국민 스스로 자유와 권리를 지키기 위해 시위를 벌인 것이었지요.

▶▶ 5월 18일부터 광주 시민을 중심으로 계엄령 철폐와 전두환 퇴진을 요구하는 시위가 거세게 일어났습니다. 그러자 신군부는 광주 시민을 폭도로 몰아붙이고 총칼로 탄압하였습니다.

박수를 쳤고, 군인들은 불평을 했다. 경비원들이 다시 돌아다니며 어수선한 분위기를 정리했다.

**판사**  양측 말씀 잘 들었습니다. 그렇다면 결국 이 재판은 제5공화 국의 공과를 가리는 재판이라고 할 수 있겠군요. 그리고 쟁점은 크 게 세 가지, '군사 정권이 수립되던 당시 북한의 위협이 실제로 있었 나?', '군사 정권 덕분에 경제가 발전했는가?', '군인들이 정치를 담당 하지 않을 수 없을 만큼 당시 국민과 정치인의 수준이 낮았는가?' 이 렇게 세 가지로 나눌 수 있을 것 같습니다. 그러면 피고, 원고, 어느 쪽부터 시작하시겠습니까?

**이대로 변호사**  김딴지 변호사가 양해해 주신다면, 저희부터 하고 싶습니다.

**김딴지 변호사**  물론 양해하고말고요. 아까 말씀드렸잖아요? 영웅 은 마지막에 등장하는 법이라고.

이대로 변호사는 김딴지 변호사를 한 번 흘겨 본 다음, 판사에게 증인 신청을 했다. 증인의 이름을 듣고 판사는 조금 놀란 표정을 지 었다.

**판사**  피고 측 증인으로, 전 민주화 추진 운동 협의회 고문이며, 제 15대 대통령을 지낸 김대중 씨 나와 주세요.

왜 6월 민주 항쟁이 일어났을까?

방청석 한쪽에서 탄성과 박수가 나왔다. 검은색 두루마기를 입은 김대중이 지팡이를 짚으며 약간 다리를 절면서 증인석에 앉았다.

**군부 독재**
군부가 국가 권력을 도맡아서 강압적으로 다스리는 일을 말합니다. '군부'란 군사에 관한 일을 총괄하여 맡아보는 군의 수뇌부를 뜻합니다. 군부 독재와 비슷한 말로 '군사 독재'가 있습니다.

**이대로 변호사**    이렇게 만나 뵙게 되어 무한한 영광입니다. 대통령님!

**김대중**    대통령님이라는 호칭은 거북하군요. 그냥 '선생'이라고 불러 주십시오.

**이대로 변호사**    네, 알겠습니다. 그러면 김대중 선생님! 선생님께서는 1960년대부터 2000년대까지 민주화 운동의 상징과도 같은 존재셨지요?

**김대중**    아, 뭐. 꽤 오랫동안 군부 독재가 계속되었고, 그러는 동안 계속 반대하는 입장에 있다 보니까, 어느 사이에 최고참 비슷한 존재랄까, 그런 게 되었을 뿐입니다. 저 말고도 민주화에 몸 바치신 분들이 얼마나 많은데요.

**이대로 변호사**    네, 듣던 대로 겸손하시군요. 단지 민주화 운동을 오래 하신 게 아니라, 군사 정권으로부터 끊임없이 생명의 위협을 받아 오셨지 않습니까? 지금 다리가 불편하신 것도 그 때문이지요?

**김대중**    그렇습니다. 1971년이었을 겁니다. 저들이 보낸 트럭이 제가 타고 있던 차를 덮쳐 죽을 뻔했는데, 목숨은 건졌지만 다리를 평생 절게 되었죠.

**이대로 변호사**    그렇군요. 사람이 어떻게 그런 일을! 또 1973년에는 일본에 가셨다가 군사 정권이 보낸 사람들에게 납치되어 또다시 목숨을 잃을 뻔하셨지요?

**김대중**　　그런 적이 있었습니다.

**이대로 변호사**　　이러한 일이 모두 박정희 정권 때의 일이라고 생각하는 분도 계실지 모르겠군요. 그럼 이번 재판 대상인 제5공화국, 전두환 정권 때도 생명의 위기를 겪으셨습니까?

**김대중**　　네. 1980년이었습니다. 당시에는 전두환을 비롯한 신군부 세력이 1979년에 일으킨 12·12 쿠데타로 사실상 실권을 장악한 때였습니다.

**이대로 변호사**　　아, 말씀 중에 죄송합니다만 12·12 쿠데타에 대해 먼저 설명해 주시겠습니까? 배심원 중에 자세한 사정을 모르시는 분도 있을 것 같습니다.

**김대중**　　그럼 그 이전의 10·26 사태에 대해서부터 말해야 하겠군요. ▶1979년 10월 26일에 18년 동안 독재 정치를 해 오던 박정희 대통령이 김재규 중앙정보부장의 총에 맞아 세상을 떠났습니다. 이로써 사람들은 드디어 민주주의가 회복되는가 싶었고, '서울의 봄'이라 불리던 짧은 정치적 해방의 시기가 찾아왔어요.

　　그러나 12월 12일에 보안 사령관이던 전두환, 9사단장 노태우 등이 정승화 계엄 사령관을 체포하면서 실권을 잡았습니다. 이들은 박정희 때 군의 엘리트 모임으로 불렸던 '하나회' 소속으로, 민주화가 이루어지고 자신들이 찬밥 신세가 될 것이 걱정된 나머지 상관인 정승화 사령관을 체

포하고 불법적으로 권력을 잡은 것이지요. ▶박정희 등의 군부 독재
에 이어 새로운 군부 독재의 주역이라 해서 그들을 '신군부'라고 불
렀습니다.

**이대로 변호사**　당시 국민들은 가만히 있었나요?

**김대중**　당연히 가만히 있을 리 없죠. 전국적으로 항의
시위가 물밀듯 일어났습니다. 그러자 신군부는 1980년 5월
17일에 비상계엄령을 전국으로 확대해 시위나 언론 보도
등을 통제하고, 동시에 저와 문익환 목사, 고은 선생, 한완
상 교수 등을 체포했어요. 이른바 '김대중 내란 음모 사건'

**교과서에는**

▶ 12·12 사태를 일으키고
실권을 장악한 전두환, 노
태우 등의 정치군인을 신군
부라고 부릅니다.

을 적발했다면서 말이죠.

**이대로 변호사**　　내란 음모 사건이라니! 그게 뭐죠?

**김대중**　　저를 중심으로 하는 여러 민주 인사들이 북한의 지원을 받아 국가를 뒤엎고 새 정부를 세우려 했다는 거였습니다. 참 황당했어요. 그때 방송에서는 제 얼굴을 담은 메달이나 화폐 같은 것도 나왔다더군요. 그런 가짜 증거를 만드느라 꽤 고생했겠다, 싶었습니다.

**이대로 변호사**　　어떻게 그런 짓을! 내란은 오히려 군인들이 일으킨 것 아닙니까? 그런데 엉터리 같은 혐의를 조작해서 멀쩡한 사람들을 반역자로 몰다니요! 그들이 왜 그랬을까요?

**김대중**　　글쎄요, 아무래도 제가 당시 유력한 대통령 후보이자 민주화 운동에서 어느 정도의 비중이 있다고 생각한 모양입니다. 저를 없애는 일이 저항의 구심점을 없애는 일이자 사정을 잘 모르는 국민에게 '봐라, 이런 반란 음모가 있으니 우리가 군사 독재를 안 할 수가 없다.'고 선전하기 위해서가 아니었을까요? 아무튼 저는 그 사건으로 사형 선고를 받았습니다. 정치군인들에 의해 세 번째로 목숨을 잃을 위기에 놓인 것이지요.

**이대로 변호사**　　정말 무서운 일입니다.

**김대중**　　하지만 저는 계속 감형이 되어 결국 석방되었습니다. 사실상 미국으로 추방된 셈이었지만요. 제 목숨을 빼앗으면 국민이 극렬하게 저항할 테고, 미국이 압력을 넣고 있었기 때문에 어쩔 수 없었겠죠. 그런데 저의 구속 소식을 들은 광주의 민주 시민들이 대규모 시위를 벌이다가 군인들에게 희생되었어요. 그걸 5·18 민주화 운동이라고 하는데, 지금 생각해도 정말 괴롭고 분한 일입니다. 여기 저승에 와서 처음 한 일이 그때 목숨을 잃으신 분들을 찾아뵙고 인사드리는 일이었습니다. 꽃다운 처녀도, 어린아이도 있었어요. 모두 저들 신군부의 총칼에 쓰러졌죠.

5·18 민주화 운동 당시 광주 금남로에 모여든 시민들

　김대중은 말을 끝내고 눈시울을 붉혔다. 방청석에서도 탄식과 울음소리가 들렸다.

**이대로 변호사**　아아, 정말 저도 목이 메는군요! 정말 있을 수도 없는 일이 벌어진 게 아니겠습니까? 나라를 지키라고 준 총칼로 목숨 걸고 지켜야 할 민간인들을 공격하다니……. 지금 그들의 명예가 더럽혀졌다며 이 재판을 합니다만, 5·18 민주화 운동 때에 저지른 일만으로도 그들은 결코 용서받을 수 없는 죄인이라고 생각합니다.

　김딴지 변호사는 당신이 판사냐고 항의를 할까 하다가, 주변 분위기를 보고 입을 다물었다. 김대중은 손수건으로 눈물을 훔쳤다.

**이대로 변호사**　자, 그러면 마음을 조금 가라앉히시고…… 마지막으로 한두 가지만 더 여쭙겠습니다. 저들은 당시 군사 쿠데타를 일

**재야**
초야에 파묻혀 있다는 뜻으로, 공직에 나아가지 아니하고 민간에 있음을 이릅니다.

**화백 제도**
신라 때에, 나라의 중대사를 의논하던 회의 제도로 의결 방법은 만장일치제였습니다.

**상소 제도**
임금에게 글을 올려 어려움이나 고충을 토로하는 제도입니다.

으키고 독재를 한 일을 두고 '그때 국민과 민간 정치인이 제대로 정치를 할 능력이 없었다.'라고 하고, '당시 북한이 다시 쳐들어올 위험이 있었다.'라고도 하는데, 사실은 어땠나요?

**김대중**　허허, 나의 '내란 음모'만큼이나 허무맹랑한 소리입니다. 잘 아시다시피 박정희 독재 정권 아래서도 야당과 재야가 있었고, 국민들의 시민 의식은 이승만 독재를 무너뜨린 4·19 혁명과 박정희의 몰락을 재촉한 부마 항쟁, 그리고 5·18 민주화 운동 등에서 이미 건전하고 성숙해 있다는 것을 입증하였는데, 정치를 할 능력이 없다니요? 대한민국이 어디 아프리카나 남태평양의 오지 부족이라도 되나요?

　사실 우리 민족은 아주 옛날부터 민주주의적 정치 전통을 이어 왔어요. 신라 시대에는 화백 제도가 있었고, 조선 시대에는 상소 제도가 있었습니다. 비록 왕이 나라를 다스렸지만 왕이 자기 마음대로 정치를 하지 못하고, 여론을 듣고 백성들의 바람에 따른 정치를 했습니다. 그런 아름다운 민주적 전통을 짓밟은 것은 언제나 야만적인 무력이었습니다. 고려의 무신 정권, 일본 제국주의, 그리고 현대의 군사 정권 등이죠. 그들은 백성 또는 국민이 스스로를 다스릴 능력이 없다면서 자신들의 강권 통치를 정당화하려 했지만, 그건 말도 안 되는 억지일 뿐입니다.

**이대로 변호사**　맞는 말씀입니다.

**김대중**　그리고 북한의 위협이라는 것도 허무맹랑한 소리입니다.

좀 전에 말씀드린 대로 제가 북한과 손을 잡고 대한민국을 쓰러트리려 했다고 생사람을 잡은 것도 그렇지만, 그들은 그 뒤로도 계속 제가 북한과 무슨 관계라도 있는 것처럼 몰아 저를 향한 국민의 지지를 줄이려 애썼습니다.

그뿐만이 아닙니다. 1987년에 민주주의가 자리 잡힌 뒤로도 오랫동안 선거 때마다 '북풍'이라는 게 있었습니다.

**이대로 변호사**　　북풍요? 그게 뭐죠?

**김대중**　　꼭 선거를 얼마 앞두고 대형 간첩 사건이 터지거나, 북한이 우리 쪽을 위협하는 일이 일어나는 것이지요.

**이대로 변호사**　　으음, 왜 하필 그런 일이 선거 때마다 일어났을까요? 우연치고는 좀…….

**김대중**　　매번 그렇다면 그것은 우연일 수 없습니다. 간첩 사건은 많은 경우 저의 내란 음모 사건처럼 조작된 것이었고, 북한의 도발에 관해서는 확실하지는 않지만, 우리 쪽에서 돈이나 다른 대가를 주고 우리를 위협하는 시늉을 하게 한 건 아닌가 하는 생각마저 듭니다. 독재끼리는 의외로 쿵짝이 맞으니까요.

**이대로 변호사**　　그 말이 사실이라면 정말 놀라운 일이군요! 북한의 위협을 독재의 명분으로 내세우면서 정작 뒤로는 북한과 은밀한 거래를 했다니! 그러면 왜 그런 북풍을 선거 때마다 일으켰을까요?

**김대중**　　6·25 전쟁의 상처가 아직 가시지 않은 나이 든 세대와 오랫동안 반공 교육을 받아 북한이라면 몸서리치는 세대를 자극하려는 것입니다. '봐라, 이렇게 우리는 위험한 상황이다! 지금 정권이 바뀌거나 하면 그 혼란을 틈타 북한이 무슨 짓을 할지 모른다. 그러니까 여당을 찍어라!' 이거죠. 분단이라는 민족의 비극을 그들은 그렇게 이용해 왔습니다.

**이대로 변호사**　정말 화가 납니다. 이런 인간들을 옹호하고 변호하는 사람들은 대체 어떤 생각인지 모르겠군요! 감사합니다. 덕분에 저들의 실체를 자세히 알 수 있었습니다.

**김대중**　제가 바라는 것은 그저 이 법정에도, 두고 온 현세의 대한민국에도 정의가 강물처럼 흐르는 것입니다.

　이대로 변호사 자리로 돌아오자, 판사의 허락을 받은 김딴지 변호사가 증인석 앞으로 나왔다.

**김딴지 변호사**　안녕하십니까? 한국 정치사에서 빼놓을 수 없는 분이시며 15대 대통령이시고, 노벨 평화상 수상자인 김대중 선생님을 만나 뵙게 되어 영광입니다.

**김대중**　감사합니다. 저도 반갑습니다.

**김딴지 변호사**　방금 증언하신 내용은 잘 들었습니다. 그런데 군사 정권이 수립되던 당시 한국의 민주주의는 이미 충분히 발달해 있었다고요?

**김대중**　그렇습니다. 우리 국민은 충분히 민주 정치를 할 힘을 갖고 있었습니다.

**김딴지 변호사**　국민은 그렇다 치고, 정치인 쪽은 어땠을까요?

**김대중**    무슨 말인가요?

**김딴지 변호사**    가령 거짓말을 반복하는 일이 민주 정치를 이끌어갈 정치인에게 어울리는 모습일까요?

**김대중**    그렇다고는 할 수 없겠죠.

**김딴지 변호사**    이상하군요. 실례일지 몰라도, 김대중 씨도 여러 차례 중대한 거짓말, 말 바꾸기를 하시지 않으셨습니까?

**김대중**    네?

**김딴지 변호사**    아까 신군부 때문에 사형 선고를 받았다가 석방되었다고 하셨는데, 그냥이 아니었죠. 다시는 정치를 하지 않겠다는 서약서와 **탄원서**를 쓰고 풀려나신 것 아닙니까? 그러고는 미국에 가셔서 바로 정치를 시작하셨죠.

**김대중**    애초에 저를 말도 안 되는 혐의로 체포해서 사형 선고를 내린 것부터 잘못 아닙니까?

**김딴지 변호사**    그래도 서약을 어긴 건 틀림없죠. 게다가 1987년 6·29 선언으로 직선제 개헌이 이루어지기 얼마 전에 '대통령에 출마하지 않겠다.'고 선언하셨습니다. 누가 시켜서 억지로 한 것도 아니었습니다. 그런데 그 선언을 곧바로 뒤집으셨죠? 오랜 민주화 투쟁으로 이름이 높던 김영삼 씨와 대통령 후보를 단일화하기를 바라는 국민적 열망에도 통일민주당으로 독자 출마를 하셨으니 말이죠. 결과는 2등도 아닌 3등이었죠. 노태우, 김영삼 씨에게 밀려서요.

그리고 1992년에 김영삼 씨와 다시 대결하여 이번에도 패배하자, 곧바로 정계 은퇴를 선언하셨는데, 또 선언을 번복하고 1997년 선거

> **탄원서**
> 사정을 하소연하여 도와주기를 간절히 바라는 내용을 담은 글이나 문서를 말합니다.

에 출마하셔서 15대 대통령이 되시지 않았습니까? 적어도 한 나라

의 가장 주목받는 정치 지도자라면 불출마나 정계 은퇴 등의 약속은

반드시 지켜야 하지 않을까요?

**김대중**　　음…….

김딴지 변호사　　그뿐이 아닙니다. 동교동계와 상도동계, 이 말의 의

미를 모르시지는 않겠죠?

**김대중**　　으음…….

당쟁
당파를 이루어 서로 싸우는 것
입니다.

김딴지 변호사    증인의 집이 서울 동교동에 있다고 해서
증인의 주변에 모여든 정치인들을 동교동계, 증인의 라이
벌인 김영삼 씨는 상도동에서 살았기 때문에 그쪽은 상도
동계라고 불렀습니다. 마치 조선 시대에 심의겸의 집은 서
쪽, 김효원의 집은 동쪽에 있다고 해서 그들과 함께하는 무리를 각
각 서인, 동인이라고 불렀던 것과 비슷하지요.

김대중    …….

김딴지 변호사    조선이 당쟁으로 망했다는 말은 일본인들이 우리
민족을 비하하기 위해 만든 과장된 말이지만, 당쟁이 나라의 기력을
약화시키고 발전적이고 건설적인 정치를 방해했던 것은 사실입니
다. 민주화 운동도 동교동과 상도동의 '당쟁'으로 좀처럼 하나 되기
힘들었습니다. 게다가 조선 시대보다 고약했던 게, 이번에는 '지역감
정'까지 끼어 있었죠.

김대중    그건 아닙니다! 지역감정은 박정희 독재 정권이 만들어
낸 것입니다. 바로 나에게 져서 정권을 빼앗길까 봐 '전라도 사람인
김대중이 대통령이 되면 우리 경상도 사람들은 낙동강 오리알이 된
다.'며 선동하면서 시작된 것입니다.

김딴지 변호사    그렇기는 해도 증인과 김영삼 씨가 그 지역감정을
이용해서 지지 세력을 모으지 않았더라면, 지역감정이 오늘날까지
도 한국 정치의 발전을 가로막는 장애물이 되지는 않았겠죠. 1970년
대부터 1990년대까지, 민주화 운동을 하려 해도 전라도 출신이면 김
대중 당, 경상도 출신이면 김영삼 당으로 가서 해야만 하지 않았습

**흑백 논리**

모든 문제를 흑과 백, 선과 악, 득과 실의 양 극단으로만 구분하고 중립적인 것을 인정하지 않으려는 편중된 사고방식이나 논리를 뜻합니다.

니까?

**김대중**　…….

**김딴지 변호사**　증인은 군사 정권 없이 순조로운 민주 정치가 가능했다고 하지만, 사실은 4·19 혁명 직후를 보나 10·26 사태 이후를 보나 민간인 정치인들은 혼란과 분열, 그리고 부패한 모습만 보여 주었습니다. 증인은 이 나라 민주화의 일등공신이라고 하지만, 동시에 당파와 지역으로 이 나라를 분열시킨 장본인이기도 합니다.

방청석 한쪽에서 '그게 무슨 소리야!', '미쳤군!' 하는 소리와 야유가 쏟아졌다. 하지만 다른 한쪽에서는 '잘했어!' 하는 소리와 박수가 나왔다.

**김딴지 변호사**　보이시죠? 저것이 바로 분열의 실체입니다! 그리고 자신이 좋아하는 지도자에 대해서는 어떤 비판도 용납하지 못하며 격렬한 반응을 나타내는, 이른바 '팬덤 현상' 역시 증인을 비롯한 정치인들이 씨를 뿌린 것입니다! 덕분에 한국 정치는 마치 운동회에서 청백전을 하는 것처럼 양쪽으로 갈라져서 우리 말은 무조건 옳다, 너희 말은 무조건 엉터리다, 하는 식의 **흑백 논리**와 극단적인 감정 대립이 판을 치게 되었습니다. 이게 민주주의의 참모습입니까?

자신을 야유하는 방청객들에게 도리어 손가락질하며 외치는 김딴지 변호사의 서슬에 김대중은 기가 죽은 듯 보였다. 그러나 잠시 뒤 결연한 태도로 엄숙하게 말했다.

**밀실 정치**
남이 함부로 출입하지 못하게 하여 비밀로 쓰는 방에서 이루어지는 정치라는 뜻으로, 다른 사람들은 알지 못하게 자기들끼리 정치를 한다는 뜻으로 이해할 수 있습니다.

**김대중** 　군사 정권이 들어서기 전과 후에 우리 민간인 정치인들이 국민들에게 실망스러운 모습을 많이 보여 준 것은 사실입니다. 저도 정치인의 한 사람으로 깊이 반성하고 있습니다. 하지만 저는 이렇게 생각합니다.

　그런 부정적인 모습 또한 군부 독재의 유산이라고 말입니다. 군인이 반란을 일으켜 멀쩡한 정부를 뒤엎고, 정치인과 지식인, 언론인 등을 죄인 취급하고, 심지어 국민들의 피 흘리게 만들었습니다. 당연히 사람들 사이에 불신과 증오, 원한이 커질 수밖에 없습니다. 그래서 군부 독재에 협력했던 사람은 마치 악의 화신인 양 감정적으로 공격하고, 민주화 운동을 하는 사람들 내부에서도 '저 사람은 혹시?' 하며 정권이 심은 첩자나 이간질 세력이 아닐까 의심하는 일이 흔해졌습니다.

　그러다 보니 확실히 믿을 수 있는 사람들 위주로 정치를 하게 되고, 결국 같은 학교나 고향 출신 사람들 위주로 움직이는 일이 많아졌습니다. 그것이 이른바 '밀실 정치', '지역주의 정치' 등으로 이어진 셈이지요. 김딴지 변호사가 당파 싸움이라고, 국민 분열이라고 지적한 현상도 거기서 어느 정도 비롯되었습니다. 또한 저를 비롯해서 여러 정치인이 상황에 못 이겨 책임질 수 없는 말을 했다가 나중에 뒤집는 일도 없지 않았습니다.

그렇지만 이런 문제를 두고 '당시 군인이 나서지 않으면 안 될 만큼 정치가 형편없었다. 우리는 민주주의를 할 준비가 되어 있지 않았다.'라는 주장은 분명히 지나치다고 생각합니다. 김딴지 변호사가 지적한 문제들은 정도의 차이는 있지만 어느 나라에서나 있는 일입니다. 그래서 나라를 막론하고 가장 불신하는 직업이 정치인이라고 하는 것이겠지요.

　　그러나 불량 학생 몇 명이 수업 분위기를 흐리고 학교 폭력 등을 저지른다고 해서 학교를 없애야 할까요? 군인이나 경찰이 교실에 들어와 총을 들이대고 수업을 해야 할까요? 정치인들이 못나서 군인이 정치를 대신한다는 말은 이와 다를 게 없습니다. 그리고 다시 말씀드리지만 지적하신 여러 문제점은 오히려 정치군인들 때문에 생겨났거나 심해진 문제들이며, 좀 더 일찍 군부 독재가 끝났더라면, 아니, 아예 독재가 없었더라면 지금쯤 대한민국의 정치는 훨씬 성숙해져 있을 것이라고 확신합니다.

　　김대중은 법정을 울리는 쩌렁쩌렁한 목소리로 발언을 마친 뒤 판사의 양해를 구해 증언석에서 내려와 퇴장했다. 지팡이를 짚고 절룩이며 가는 그의 걸음마다 우레와 같은 환호성과 박수가 터져 나왔다.

# 2

# 과연 북한의 위협이
## 있었을까?

**김딴지 변호사**　　역시 오래 정치를 하신 분답게 말씀은 청산유수군
요. 그럼 저희도 증인을 신청하겠습니다. 방금 원고 측에서도 거물
을 부르셨지만, 저희도 만만치 않을 겁니다. 북한의 최고 지도자였
던 김일성 씨를 증인으로 신청합니다.

　　방청석에서 웅성거리는 소리가 들렸다. 잠시 뒤 거드름을 피는 듯
천천히 걸어 들어오는 큰 체구의 남자에게 사람들의 시선이 집중되
었다.

**김일성**　　안녕하십네까? 반갑습네다.

**김딴지 변호사**　　아, 말로만 듣던 김일성 주석을 보게 되어 기분이

**도당**
불순한 사람의 무리를 가리키는
말입니다.

**규탄**
잘못이나 옳지 못한 일을 잡아
내어 따지고 나무라는 것을 뜻
합니다.

묘합니다.

**김일성**　무슨 말씀이신지…….

**김딴지 변호사**　아무것도 아닙니다. 아무튼 6·25 전쟁에 관해서도 증인으로, 아니, 피고로 소환할 일이 꽤 있겠지만 오늘은 대한민국 제5공화국의 평가와 관련해서 증언을 해 주시기 바랍니다.

**김일성**　내가 남조선 군인 독재자 **도당**들에 대해 뭘 증언할 게 있을지 모르겠군요. 아무튼 말해 보시오.

**김딴지 변호사**　방금 증언하셨던 김대중 전 대통령께도 질문드리려 했지만, 제5공화국이 수립되는 시점에 북한이 어떤 입장에서 어떤 행동을 했었는지 알고 싶습니다.

**김일성**　5공 수립 때? 음, 그러니까 독재자 박정희가 총에 맞아 죽은 다음부터, 신군부가 쿠데타를 하고 양민을 학살한 다음 정권을 쥘 때까지의 이야기를 하는 거요? 우린 아무런 행동을 하지 않았소. 그냥 같은 민족이 불행한 일을 겪는 모습을 안타까워했을 뿐이지.

**김딴지 변호사**　위증을 하시면 안 됩니다. 12·12 사태와 5·18 민주화 운동에 대한 **규탄** 시위를 평양을 비롯한 북한 전역에서 동원했을 뿐 아니라, 예정되어 있던 남북 총리 회담을 일방적으로 취소하고, '남조선에서 전두환이 집권해 있는 이상 대화하지 않을 것이다.'는 입장을 내세우지 않았습니까?

**김일성**　음? 그러고 보니 그랬던 것도 같군요. 맞아요. 그랬습니다. 하지만 그게 무슨 잘못이오? 우리 동포가 폭압적인 군홧발에 짓밟히고, 총칼에 찔리고 있는 상황에서 분노와 우려를 표시하는 게 당연하지 않소? 그런 무리들과 대화를 계속하는 게 오히려 이상한 일이 아니오?

**김딴지 변호사**　글쎄요……. 하지만 그것만이 아니었습니다.

**김일성**　뭐가 또 있었다는 거요?

**김딴지 변호사**　5·18 민주화 운동을 '노동자 농민이 일부 소시민과 양심적 지식인과 손잡고 벌인 계급 투쟁'이라고 규정했지요? 그리고 '다만 광주에 국한되어 있는 것이 문제다. 이 투쟁이 남조선 전역으로 확산되면 **대남 사업**에 결정적 기회를 마련할 수 있다.'고 공산당 간부들과 고위 공무원들에게 강조하지 않았습니까?

**김일성**　흠!

　방청객들이 크게 웅성거렸다. 피고를 옹호하던 학생들 사이에서도 놀랍다는 반응이 나오고, 군인들은 '그러면 그렇지!' 하며 흥분한 모습을 보였다.

**김일성**　남조선 동무들이 들으면 오해가 있을지 모르겠소만, 당시에는 남조선 인민이 더 이상 지긋지긋한 군부 독재를 참아 내지 못할 거라고 생각했소. 분명히 4·19 혁명을 능가하는 거대한 저항이 벌어질 줄 알았지. 그래서 남조선에서 정부가 없어져 버리면 어떻겠소? ▶우리 공화국이 질서를 회복하고, 민족 통일의 대업을 이루어야

**대남 사업**
남한에 대한 사업을 뜻하는 말로, 북한이 일정한 목적을 가지고 남한에 하는 여러 가지 일을 말합니다.

하지 않겠소? 그래서 그렇게 말했을 뿐이오.

우리가 뒷구멍으로 수작질을 했다고 오해는 마시오. 우리는 남조선 인민을 억압하는 군사 독재자들을 증오했지만 우리가 나서서 뭔가 꾸미지는 않았소.

**김딴지 변호사**   그래요? 수작질을 안 하셨다? 그러면 아웅산 사건에 대해서는 어떻게 해명하실 건가요?

**김일성**   무슨 산요?

**교과서에는**

▶ 북한은 남조선 혁명론을 바탕으로 무장 공비를 남파하는 등 군사적 도발을 통해 위기 상황을 고조시켰습니다.

**김딴지 변호사**     미얀마의 아웅산 말입니다. 1983년 10월 9일, 미얀마를 방문하여 그 나라의 영웅인 아웅산의 묘소를 참배하려던 전두환 대통령과 정부 주요 인사들을 노린 폭탄 테러가 있었습니다. 야만적인 테러에 대통령은 구사일생으로 목숨을 건졌지만 서석준 부총리와 이범석 외무부 장관, 김동휘 상공부 장관, 함병춘 청와대 비서실장, 김재익 청와대 경제 수석 등 21명이 사망했습니다. 대한민국 정부를 폭탄으로 날려 버리고, 혼란을 틈타 단숨에 남한을 점령하기 위해 당신이 저지른 만행이었죠!

**김일성**     음⋯⋯. 뭐, 그랬던가요?

<br>

딴전을 피우는 김일성을 보며 군인 방청객들은 삿대질을 하고, 야유를 퍼부었다.

<br>

**김딴지 변호사**     마치 모르는 일이라는 듯한 태도를 보이지 마십시오. 법정모독죄가 될 수 있습니다. 왜 그런 파렴치한 테러를 추진하신 겁니까?

**김일성**     글쎄요, 독은 독으로 막는다고, 오랫동안 군사 정권의 폭정에 신음하는 남조선 동포들을 해방시켜 주기 위해 약간의 '편법'을 쓴 것도 같소만.

**김딴지 변호사**     하, 편법요? 북한에서 '민족의 태양'이라 불리는 분이 이렇게 둘러대는 능력이 뛰어나신 줄은 몰랐습니다. 하긴 이해도

<br>

**아웅산**
미얀마의 독립운동 지도자로 항일 운동을 하였으며 1947년 중간 정부의 부수석이 되었다가 암살당했습니다.

**경제 수석**
등급이나 직위 따위의 맨 윗자리를 '수석'이라 부르므로 '경제 수석'은 경제 분야에서 가장 윗자리에서 일을 맡아 하고 있는 사람을 가리킵니다.

**문화원**
한 사회에서 이루어진 문화를 한눈에 접할 수 있도록 만들어 놓은 공간으로 주로 각국 대사관이 그 나라의 문화를 접할 수 있도록 만들어 놓은 공간을 말합니다.

됩니다. 솔직히 말해, 제5공화국이 빠르게 안정되고 기대했던 혼란이 일어나지 않으니 초조하셨겠죠. 그래서 잔혹한 테러로 순식간에 상황을 바꾸려 했고, 그것이 실패하니까 남한에서 미국 문화원을 점거 농성하거나 불을 지르는 등 '반미 운동'이 일어나도록 손을 쓴 게 아닙니까?

김일성　반미 운동에 우리가 뭘 어쨌다고요?

김딴지 변호사　'적을 쓰러트리려면 분열을 일으켜라.'라는 말이 있죠. 그래서 당시 한국과 미국이 강력한 반공 의지를 천명하며 하나로 똘똘 뭉치는 것을 어떻게든 갈라놓으려고 하셨죠. 그래서 북한의 입김이 닿는 남한의 운동권 학생과 재야 인사들에게 반미 운동을 벌여 한국과 미군의 공조 체제를 뒤흔들고 미국 국민에게 한국을 싫어하는 감정이 생기게 꾸민 것 아닙니까? 6·25 전쟁 때 김일성을 쫓아내 주었더니 이제 와서 미국 물러가라고 하는 배은망덕한 한국인들이라고 말입니다.

방청석이 다시 소란스러워졌다. 나민주가 피고석에서 벌떡 일어나 외쳤다.

**나민주**　우리는 독재 정권을 돕고 광주 학살을 방치했던 미국이 미워서 그랬을 뿐, 북한의 입김 따위는 없었어요. 거짓말을 사실로 몰아가지 마세요.

김딴지 변호사　이해합니다. 여러분은 조국을 배반할 뜻은 없었을 겁니다. 단지 속았을 뿐이죠! 나이가 어려 교활한 악당들에게 속은 것을 어떻게 뭐라고 하겠습니까?

김딴지 변호사의 말에 대여섯 명이 더 일어나 소리쳤고 법정은 더욱 소란스러워졌다. 판사가 의사봉을 탕탕 내리치며 말했다.

**판사**　그만, 그만! 피고, 묻지도 않았는데 멋대로 발언하지 마세요. 그리고 원고! 피고 측과 감정적 대립을 해서는 안 됩니다. 경고하겠습니다.

**김딴지 변호사**　죄송합니다. 주의하겠습니다. 하지만 이것은 명백한 사실입니다. 북한은 제5공화국 내내 호시탐탐 남침을 생각했으며, 끊임없이 수를 써서 남한을 혼란에 빠뜨리고 남침에 유리한 환경을 조성하려고 했다는 사실! 따라서 '독은 독으로'라는 말을 감히 빌려 쓰자면, 북한의 위협을 막고 질서를 지키기 위해 어느 정도의 자유 제한은 불가피했던 것입니다. 이것으로 증인 신문을 마치겠습니다.

**판사**　원고 측, 반대 신문하시겠습니까?

**이대로 변호사**　물론입니다. 김딴지 변호사의 모습이 왠지 안쓰럽군요. '명백한 사실'이라는 게 무엇인지 잘 알고 계실 텐데……. 아무튼 증인에게 묻겠습니다. 증인, 아까 남한의 독재 정권에 분노했으며 그들과 대화를 계속하지 않으려 했다고 하셨던가요?

**김일성**　그랬습니다.

**이대로 변호사**　하지만 이상하군요. ▶제5공화국 초기만 빼놓고, 증인은 남쪽과 대화를 그치지 않았거든요.

**김일성**　그건 또 무슨 말이오?

**이대로 변호사**　잘 기억해 보십시오. 1984년부터 대화를 다시 시작해 보자는 주장이 양쪽에서 나오다가, 그해 남한에 수재가 일어나자 북한에서 쌀과 시멘트를 보내 주기도 했습니다. 그리고 1985년에는 북한의 허담 노동당 비서가 서울을 비밀 방문하고, 그 답례로 이쪽에서는 장세동 안전 기획부장이 평양에 다녀오지 않았습니까?

**교과서에는**

▶ 1985년에는 이산가족 고향 방문과 예술 공연단 교환이 실현되었으나 일회성 행사로 그치고 말았습니다.

**김일성**　아, 이제 기억나는군. 장쇠똥이라고 했던가…….

**이대로 변호사**　장세동입니다.

**김일성**　아, 그렇지, 장세동. 아주 배짱이 두둑한 게 마음에 드는 친구였지. 금수산 의사당에서 만나 봤는데, 호랑이 굴에 들어와서도 아주 태연하고 늠름해 보이더구먼.

**이대로 변호사**　그 비밀 회담에서 남북간 긴장 완화와 대화 창구 설치, 그리고 남북 정상 회담 개최 등이 논의되었습니다. 정상 회담은 끝내 성사되지 못했지만, 일단 그해에 남북 적십자 회담이 재개되고, 고향 방문단이 오가는 등의 성과가 있었지요.

**김일성**　생각해 보면 죄야 한 줌의 독재자들에게 있는 것이지, 남조선 민중에게야 무슨 죄가 있겠소? 그래서 이산가족도 만나게 해 주고, 우리 북조선의 격조 높은 예술도 서울에서 구경할 수 있게 해 주었지. 이런 일이 나쁜 일은 아니지 않소?

**이대로 변호사**　분명히 나쁜 일은 아니지요. 그러나 제 생각은 정반대입니다. 증인은 남한 국민은 안중에도 없었습니다. 심지어 북한 주민도! 당신이 말한 '한 줌의 독재자'와 손을 잡고 독재의 앙상블을 이루려 했을 뿐이지요.

**김일성**　그건 또 무슨 소리요?

**이대로 변호사**　아까 얘기가 나왔던 아웅산 폭탄 테러, 그 일 이후 북한은 어떻게 되었죠? 야만스러운 테러 국가라고 많은 나라에게 외면당했지만, 가장 중요한 나라들인 소련과 중국과는 오히려 가까워지지 않았습니까?

**장영자 사건**

1982년 5월 4일, 당시 사채 시장의 큰손으로 불리던 장영자가 어음 사기 혐의로 검찰에 구속되면서 일어난 대규모의 어음 사기 사건입니다. 검찰 수사 결과 장영자의 형부가 전두환 대통령의 처삼촌인 이규광으로 밝혀져 충격을 주었지요.

**김일성**   흠.

**이대로 변호사**   그 나라들은 평소에는 북한과 뜻이 맞지 않는 부분도 있고 서로 간에도 다툼이 있었지만, 테러가 일어나 많은 나라가 북한을 성토하니까 역성을 들고 나섰습니다. 같은 공산주의 동지 나라라고 말이죠! 그처럼 아웅산 사건은 외교 면에서 기반을 더욱 튼튼히 했을 뿐 아니라, 북한 내에도 많은 도움이 되었습니다. 경제가 점점 어려워져서 동요하고 있던 북한 주민들에게 '봐라, 우리 지도자께서는 이렇게 위대한 일을 해내셨다! 적들의 간담을 서늘하게 하셨다!'라고 대대적으로 선전하여 다시금 증인에 대한 충성을, 또한 후계자로서 믿음직한 모습을 보여 주지 못하고 있던 김정일에 대한 충성을 이끌어 낼 수 있었겠지요. 겉으로는 그 작전을 김정일이 주도한 것으로 내세워서 말입니다. 그렇지 않습니까?

**김일성**   흠, 흠.

**이대로 변호사**   남한의 전두환에게도 그 일은 나쁘지 않았습니다. 독재에 대한 불만이 점점 커지고 아웅산 사건 직전에 장영자 사건 등 대형 권력 비리가 터져서 정권의 이미지에 먹칠을 하고 있었던 참에, '봐라! 북한은 호시탐탐 우리를 노리고 있다! 북한의 위협을 막고 질서를 지키기 위해 어느 정도의 자유 제한은 불가피하다!'는 인상을 심어 국민의 불만을 무마할 수 있었으니까요. 이런 '전화위복'이 과연 우연일까요?

**김일성**   우연이 아니었다는 증거라도 있소?

**이대로 변호사**　하하, 그건 증인이 말씀해 주시면 좋을 텐데 말입니다. 아무튼 이런 건 있지요. 1988년에 서울 올림픽 개최가 확정되자 전두환은 거기서 예상되는 수익금을 담보로 증인에게 3000만 달러라는 거금을 몰래 전달하기로 했다는 이야기 말입니다. 정상 회담에 응하는 대가로요.

군인들은 당황한 표정을 지었고 다른 방청객들은 웅성거렸다.

**김딴지 변호사**     이의 있습니다. 피고 측은 지금 확실하지 않은 사실로 증인과 원고를 억지로 연결 지으려 하고 있습니다.

**판사**     기각합니다. 법정은 모든 진실을 알아야 할 필요가 있습니다. 다만 피고 측에서도 지나친 확대 해석은 삼가해 주십시오.

**이대로 변호사**     주의하겠습니다. 이뿐 아니라 1986년의 이른바 금강산 댐 위협론, 1987년의 대한항공 폭파 테러 사건도 사실 제5공화국 정권과의 밀약에 따른 '북풍'이었다는 소문이 많은데, 여기에 대해 말씀해 주십시오.

**김일성**     소문은 소문일 뿐이겠지! 잘 기억나지 않는 데다가 몸이 피곤해서 더 이상 앉아 있기가 힘들군요. 게다가 원고 쪽, 피고 쪽 다 나를 잡아먹으려 들고, 방청객들이 저렇게 노려보고 있으니 어디 불편해서 앉아 있겠소? 이제 증언을 끝냈으면 좋겠군요.

**이대로 변호사**     좋습니다. 이 정도로도 배심원과 방청객 여러분은 충분히 아셨으리라 믿습니다. 독재는 독재와 통한다는 것! 마치 옛날 히틀러와 스탈린이 한동안 짝패로 지냈던 것처럼, 북한과 남한의 독재자들은 겉으로는 대립하는 체하며 뒤로는 그 대립을 이용하여 자신들의 권력을 굳혀 왔습니다. 원고 측에서 주장하는 '북한의 위협에 따른 독재의 불가피성'이란 대체로 그렇게 이해하면 되는 것입니다. 이상, 신문을 마칩니다.

김일성은 증언석에서 일어나, 거들먹거리는 걸음으로 천천히 퇴장했다. 야유하는 소리가 떠들썩했지만 아랑곳하지 않았다. 김딴지 변호사와 이대로 변호사는 김일성의 뒷모습을 바라보며 똑같이 고개를 절레절레 흔들었다.

판사    그러면 여기서 이 사건에 대한 1차 재판을 마무리 짓고, 다음 주에 2차 재판을 열기로 하겠습니다. 방청객 분들은 다음에도 참석하셔서 재판 과정을 지켜봐 주시되, 오늘보다는 정숙한 법정 분위기가 될 수 있도록 힘써 주시기 바랍니다.

땅, 땅, 땅!

**다알지 기자**

안녕하십니까? 이번 재판에서는 6월 민주 항쟁의 의미와 제5공화국의 공과를 놓고 열띤 공방이 벌어졌는데요, 오늘은 주로 안보가 핵심 쟁점이 되었습니다.

그동안에는 법정 관계자 분들이나 방청객 분들을 상대로 인터뷰를 했었는데 이번에는 살아 계신 분들, 지금 이 나라를 지키고 계신 군인과 인터뷰를 해 보겠습니다. 아, 살아 계신 분을 저승에서 어떻게 인터뷰하느냐고요? 꿈을 이용하면 되죠!

이 병장님, 김 일병님 만나서 반갑습니다. 최전방이라고 불리는 강원도에서 근무하시기 힘드시죠? 지금 저승의 한국사법정에서는 북한의 위협 때문에 제5공화국 수립이 정당했다는 주장이 나왔습니다. 그래서 안보 문제가 대한민국에서 얼마나 중요한지에 대해 말씀을 듣고 싶네요.

**이 병장**

　국가의 안보는 중요한 문제이죠. 하지만
그 문제만으로 쿠데타를 해도 정당한 건지 저
는 잘 모르겠어요. 제5공화국 때 저는 막 태어났
거든요.

　여기 상황을 말씀드리자면 사실 최근에도 북한은 우리에게 대포를
쏘고 핵 개발을 멈추지 않고 있습니다. 저는 이제 복무 기간이 얼마 남
지 않았지만 저들과 코앞에서 마주하고 있는데 덜컥 전쟁이라도 나면
어떨지 가끔은 겁도 난다니까요. 북한이 문제를 일으킬 때마다 비상이
걸리면 계속 대기해야 하고 외출은 꿈도 못 꿔요. 군인만 그런 것도 아
니에요. 국민들도 불안에 떨지 않나요? 만약 진짜 전쟁이라도 나며 무
사한 사람이 있겠어요? 그래서 안보는 정말 중요한 문제이지요. 튼튼
한 안보가 있어야, 경제도 문화도 있는 거죠.

**김 일병**

　저는 그냥 평범한 군인인데 왜 저와 인터뷰를 하시려고 하는지 모르겠네요. 그런데 저는 이 병장님과 좀 생각이 다릅니다! 고참 말에 토를 단다고 생각하실지 모르겠지만 하고 싶은 말을 해야겠습니다.

　물론 안보는 중요합니다. 하지만 애초에 왜 안보 문제를 들먹이는 걸까요? 북한과 대화와 협력보다는 대결하려고만 하려고 했기 때문은 아닌가요? 당시를 살아 보지는 못했지만 개인적으로 현대사에 관심이 많아 제5공화국 때의 일은 잘 알고 있습니다. 당시 정치군인들은 자신들의 정권을 지키기 위해서 남한과 북한의 대결을 부추겼다고 하더군요. 그래서 오늘날에도 선거 때만 되면 북한을 걸고넘어지는 게 아닌가요? 안보 문제는 중요하지만 정치에 이용되는 건 바람직하지 않다고 생각합니다.

# 제5공화국은 어떤 업적을
# 이루었을까?

1. 제5공화국은 경제를 발전시켰을까?
2. 제5공화국의 교육·문화 정책은 무엇이었을까?
3. 제5공화국 때 대다수 국민은 행복했을까?

**교과연계**

역사
  X. 대한 민국의 발전
    2. 민주주의의 시련과 경제 개발
      (2) 경제 개발 계획의 추진 과정과 그 성과는?

# 제5공화국은
# 경제를 발전시켰을까?

**판사**　일주일 만에 뵙는군요. 그동안 원고와 피고 모두 준비를 잘 하셨으리라 믿습니다. 그러면 오늘의 재판을 진행하겠습니다. 지난번에는 제5공화국이 수립될 때와 존속할 때 과연 북한의 위협이 있었느냐, 민간 정치인들은 그러한 위기를 감당할 수 없었느냐를 주로 따져 보았습니다. 오늘은 제5공화국이 경제, 문화, 교육 등에서 어떤 성과를 이루었는지에 대해 주로 알아볼 것입니다. 그러면 피고 측과 원고 측, 어느 분부터 이야기하겠습니까?

**김딴지 변호사**　저부터 하겠습니다.

**이대로 변호사**　영웅은 나중에 나온다더니만, 일주일 만에 스스로 영웅이 아님을 깨달으셨나 보군요.

**김딴지 변호사**　거 참, 말씀을 하셔도 꼭⋯⋯. 아무튼 오늘은 저희

쪽에서 압도할 겁니다. 두고 보시죠.

**이대로 변호사**     후후. 두고 보자는 사람치고 제대로 하는 사람 없다는 말이 있지요.

**김딴지 변호사**     허허! 이 변호사님은 일주일 동안 변론은 준비 안 하시고 딴지 걸기만 연습하셨나 보네요. 제 이름을 넘겨드려야겠어요. 이제부턴 '이딴지 변호사님'이라 불러 드려야 할 듯! 아무튼 그러면 저희부터 증인을 신청하겠습니다. 제5공화국의 '경제 대통령'이라 불렸던 전설적인 경제 공무원, 김재익 청와대 경제 수석을 모시겠습니다.

김재익은 호리호리하고 꼿꼿해 보이는 인상을 풍겼다. 김재익이 서류철을 옆에 잔뜩 끼고 잰걸음으로 들어와 선서를 하고 증인석에 앉았다.

**김딴지 변호사**     그 서류철은 다 뭐죠?

**김재익**     아, 네. 증언을 위해 필요한 자료도 있고요, 일을 하던 중에 뛰어오는 바람에 그만 몇 개는 그냥 들고 와 버렸네요. 하하.

**김딴지 변호사**     아니, 저승에서 무슨 일을?

**김재익**     살아 있을 때 일만 하는 습관이 든 데다가 한창 열심히 일하던 때 뜻하지 않은 일로 이쪽으로 오다 보니 일 욕심이 덜 채워졌나 봅니다. 그래서 지금도 경제와 행정 공부를 계속하고 있답니다. 쓸데없는 일 같지만 혹시 압니까? 이승에 사는 사람의 꿈에라도 나

타나서 조언을 해 줄 기회가 있을지도요.

김딴지 변호사    살아 계실 때도 일 분 일 초를 아껴 가며 나라 살림을 위해 애쓰시더니 역시 대단하십니다. 그럼 이제 신문을 시작하겠습니다.

**김재익**    네.

김딴지 변호사    증인은 제5공화국 때 청와대 경제 수석을 지내시며 경제 대통령이라는 별명을 얻으셨는데요, 어떻게 그런 별명을 얻게 되셨는지부터 말씀해 주십시오.

**김재익**    저는 박정희 대통령 때 공무원이 되었고, 경제 기획원을 거쳐 한국 개발 연구원에서 근무하다가 전두환 대통령께서 취임 전에 저를 '경제 가정교사'로 초빙하셨습니다. 그 인연이 계속 이어져서 경제 수석이 되었지요. 경제 대통령이라는 말은 전 대통령께서 저를 무척 미더워하셔서 '경제는 자네가 대통령이야!'라고 말씀하신 적이 있었습니다. 그래서 생긴 별명인데 저로서는 부끄러울 따름입니다.

김딴지 변호사    그랬군요! 워낙 능력이 뛰어났기에 가능했던 일 같습니다. 그런데 한편으로 보면 전두환 대통령이 이른바 독재, 그러니까 뭐든지 자기 마음대로 하지 않고 적임자를 찾아 그들에게 일을 맡겼다는 이야기로도 들리는데요?

김재익    그렇죠. 저는 박정희 대통령도 모셔 보았는데 박정희 대통령은 스스로 경제를 잘 안다고 생각하셔서 저나 다른 경제 전문가의 조언을 잘 받아들이지 않으셨습니다. 듣기로는 그런 최고 지도자가 적지 않다고 하더군요. 그러나 전두환 대통령께서는 당신이 전문이 아닌 분야는 당신의 의견을 고집하지 않으셨습니다. 믿고 맡긴 사람의 주장을 끝까지 믿고, 지지해 주셨고요. 제가 주장하는 여러 가지 개혁 정책에 반대하는 목소리도 높았는데, 대통령께서 항상 든든한 버팀목이 되어 주셨습니다.

김딴지 변호사    그렇군요! 독재, 독재 하지만 사실 꼭 그런 것도 아니었네요.

김재익    그렇죠. 흔히 '군사 독재'라고 합니다만, 우리나라의 경우, 특히 제5공화국의 경우는 그렇게 부르기 어려운 점이 있습니다. 다른 나라에서는 현역 군인들이 버젓이 군복을 입고 계급장을 단 채로 정치를 했거든요. 태국만 해도 그랬습니다. 대장은 대통령, 소장은 장관 식으로 군 내부의 위계질서에 따라 공직을 맡았고, 심지어 언론사나 주요 기업체 대표까지 군인들이 차지하고 있었습니다.

**김딴지 변호사**    그렇군요.

**김재익**    하지만 박정희 대통령이나 전두환 대통령은 군복을 벗고 민간인 신분으로 정치를 했고, 제5공화국의 주요 공직자들도 대부분 저처럼 민간인이었어요. 솔직히 말하면 제가 제5공화국 때 공직을 맡는 일을 제 아내를 포함해서 여러 사람이 반대했어요. '당신처럼 선비 기질을 가진 사람이 어떻게 무식한 군인들과 함께 일하려고 하느냐'라더군요. 저도 좀 갈등을 했습니다. 하지만 능구렁이 같은 민간 정치인들보다 오히려 낫고, 자기 생각대로 하지 않고 전문가의 말을 절대적으로 존중했기 때문에 결심을 했지요. '선비는 자신을 알아주는 사람을 위해 죽는다.'는 말도 있잖아요?

그리고 비록 민주주의의 대의명분이 좀 빛이 바랬지만, 당시 이 나라는 누군가 비상수단을 써서라도 안정시키지 않으면 안 되는 위기였습니다. 특히 경제 분야가 심각했지요. 그래서 적극 동참하기로 결정했고, 지금도 그 결정에 후회는 없습니다.

**김딴지 변호사**    그렇군요. 자세히 알지도 못하고 무조건 '군사 독재'라고 비난하는 일이 얼마나 문제인지 잘 알겠습니다. 그러면 이번에는 방금 말씀하신 대로 제5공화국 출범 당시의 경제가 얼마나

어려웠는지, 제5공화국은 경제 분야를 얼마나 발전시켰는
지 말씀해 주십시오.

**김재익**　　　네, 그렇죠.

김재익은 일어서서 법정 경비원들에게 눈짓을 했다. 잠
시 뒤 대형 스크린이 내려오고, 경비원 한 사람이 스크린 쪽으로 조
명을 비추었다. 흔히 볼 수 없는 광경에 방청객들은 흥미로운 표정
이었다.

**김딴지 변호사**　　　프레젠테이션 준비를 하셨나 보군요. 그런데 증인
이 살아 있을 때인 1980년대 초에는 이런 기기가 쓰이지 않았을 텐
데…….

**김재익**　　　맞습니다. 그때는 **괘도**를 놓고 종이를 넘겨 가며 브리핑
을 했습니다. 하지만 여기 와서 새로 배웠죠. 인생은 짧지만 배움은
끝이 없지요. 컴퓨터도, 스마트폰도 이곳에서 배웠습니다.

**김딴지 변호사**　　　정말 알면 알수록 존경스러운 분이군요. 그러면 시
작해 주세요.

김재익이 화면에 뜨는 이미지를 포인터로 짚어 가며 설명을 했다.

**김재익**　　　보십시오. 세계 주요 국가들과 비교했을 때 연평균 경제
성장률입니다. 많은 사람이 박정희 대통령 시절에 가장 대단한 경제

성장이 이루어졌다고 생각하는데, ▶사실 대한민국 역사상 최고의
경제 성장률은 제5공화국 때 이루어졌습니다.

**김딴지 변호사**　　이렇게 보니 한눈에 알 수 있군요.

**김재익**　　사실 박정희 정권 시기만 해도 우리는 간신히 중진국 문
턱에 올랐을 뿐, 여전히 가난한 나라였습니다. 그러나 제
5공화국을 거치며 중진국의 우등생이 되었을 뿐 아니라,
선진국 문턱까지 넘보게 되었답니다.

**김딴지 변호사**　　하지만 다르게 생각해 보면 이전의 박정
희 정권에서 기반을 다져 놓은 덕분이라고 할 수 있지 않

교과서에는

▶ 1980년대는 경제 목표
를 지속적인 경제 성장과
사회 발전을 통한 국민 복
지의 향상에 두었습니다.

을까요?

**김재익**     그 말도 맞습니다. 농업 국가였던 우리나라를 공업 국가로 바꾸고, 수출로 먹고사는 나라로 바꾼 것은 박정희 대통령의 위대한 업적입니다. 하지만 그 과정에서 문제점도 많았고, 한계도 나타났습니다. 게다가 광복 이후 최대 수준의 경제 위기까지 닥쳤죠.

**김딴지 변호사**     어떤 상황이었나요?

**김재익**     1970년대에 중화학 공업 위주로 경제를 운영한 것은 좋은 선택이었지만, 좀 지나쳤습니다. 이미 공장이나 댐 등을 충분히 지었는데 계속해서 투자하고 있었죠. 뭐든 많다고 좋은 게 아닌데 말입니다. 그 ▶후유증으로 국제 수지 적자가 점점 늘고 외채도 늘어서 1970년대 말에는 경제가 급속히 불안해졌죠.

게다가 예상 밖의 악재까지 겹쳤습니다. 바로 1978년부터 1981년까지의 '제2차 석유 파동', 그리고 1979년의 박정희 대통령의 죽음이었지요. ▶▶기름 값이 갑자기 치솟아 버리니, 일상생활에서 쓸 제품은 물론이고 수출 상품의 가격도 크게 올라서 국민 생활이나 수출에 먹구름이 짙게 드리웠습니다. 또한 박정희 대통령 한 사람만 바라보던 나라가 갑자기 지도자를 잃어버리니 요즘 이승에서 쓰는 말대로 국민에게 '멘붕'이 왔어요. 그로 인해 외국 투자자들도 더 이상 돈을 빌려주지 않겠다고 했죠. 망해 가는 나라가 어떻게 돈을 갚겠느냐고요.

결국 제5공화국이 들어서던 1980년 당시 경제 성장률

교과서에는

▶ 국제 경기가 악화되면서 수출이 줄고, 외채는 쌓여 갔습니다. 기업은 부도 위기에 놓였고 국민들의 금융 부담은 늘어만 갔지요.

▶▶ 석유와 같은 원자재를 국내에서 생산할 수 없어 대외 의존도가 높은 우리 경제는 석유 파동으로 큰 시련을 겪었습니다. 특히 1970년대 말 제2차 석유 파동은 우리 경제를 크게 위협하였습니다.

은 마이너스 3.7퍼센트, 경상 수지는 53억 2000만 달러 적
자, 외채 180억 달러, 물가 상승률은 28.7퍼센트라는 최악
의 상황에 이르렀습니다. '한강의 기적'은 끝났고, 한국은
이제 망할 날만 기다린다는 것이 많은 외국 전문가들의 분
석이었죠.

**김딴지 변호사**   정말 소름이 돋을 정도의 위기였군요. 그럼 어떻게
그 위기를 극복할 수 있었나요?

**김재익**   ▶1981년 초에 제가 제5차 경제 개발 5개년 계획 내용을
전 대통령께 보고했는데, 거기서 앞으로 우리 경제가 나갈 방향을
안정화, 자율화, 개방화 이 세 가지로 제시했습니다. 안정화는 성장
보다는 물가 안정을 비롯한 경제 안정을 경제 정책의 주요 목표로
삼아야 한다는 것이었고, 자율화는 정부가 아니라 시장이 경제를 주
도해 나가도록 해야 한다는 것이며 개방화는 국내 시장을 보호하기
만 할 것이 아니라 과감히 개방하여 세계 경제의 큰 틀에서 경쟁력
을 강화하는 쪽으로 나아가야 한다는 것이었어요.

그중에서도 안정화가 위기 극복을 위한 가장 중요한 방향이었습
니다. '물가 한 자릿수 인상'을 목표로 내걸었을 때는 아무
도 믿지 않았어요. 1960년대부터 거의 두 자릿수 인상만
거듭해 온 상황이었으니까요. 하지만 과도한 설비 투자를
억제하고, 산업 구조 조정과 임금 인상 억제를 밀어붙인
끝에 목표를 달성했습니다. 1982년부터 정권이 끝날 때까
지 물가 한 자릿수 인상이 계속 이어졌죠. 덕분에 벼랑 끝

에 서 있던 국민 살림은 시름을 덜고 이전 정권에서 지나
치게 부풀려졌던 산업 투자 규모도 적정 수준으로 돌아왔
습니다.

**김딴지 변호사**　　참 잘됐군요!

**김재익**　　사실 경제란 믿음이 제일 중요합니다. 열심히
일하면 부자가 될 수 있다는 믿음, 투자를 하면 이익을 볼
수 있다는 믿음, 그런 것들이죠. 제5공화국이 출범할 당시
대한민국 경제는 그런 믿음이 깨진 상황이었어요. 우리는
물가 안정 목표를 내걸고 그것을 지킴으로써 국민의 믿음
을 회복한 것입니다.

**김딴지 변호사**　　제가 알기로는 외국인들의 불안을 해소하기 위해
증인께서 직접 국제 통화 기금, 즉 **IMF**와 해외 투자자들을 만나서
설득에 설득을 거듭하여 마침내 그들의 마음을 돌려놓았다더군요.

**김재익**　　국가 경제라는 큰 책임을 맡은 사람으로서 당연한 일을
한 것입니다. 아무튼 안정화뿐 아니라 자율화와 개방화, 그리고 경
제 정의도 중요했습니다. 우리는 1980년에 독과점 규제 및 공정 거
래법을 제정해 대기업이 중소기업에게 부리는 횡포를 차단했습니
다. 또한 완성하지는 못했습니다만 1982년에 금융 실명제를 실시하
여 은밀히 이루어지는 '지하 경제'를 없애고 모든 국민이 법과 원칙
에 따라 경제 활동을 할 수 있게 만들고자 노력했습니다.

　박정희 대통령이 이끈 경제 발전은 정부가 모든 것을 끌고 나가는
식이었습니다. 처음에야 기업과 시장이 힘이 약해서 어쩔 수 없었겠

**IMF(국제 통화 기금)**
International Monetary Fund
의 약자로, 1947년 3월에 설립
한 국제 연합의 전문 기관의 하
나입니다.

**독과점**
개인이나 하나의 단체가 다른
경쟁자를 배제하고 생산과 시장
을 지배하여 이익을 독차지하거
나 몇몇 기업이 어떤 상품 시장
의 대부분을 지배하는 상태를
말합니다.

**OECD**
1961년에 창설된 국제 경제 협력 기구입니다.

지만, 어느 정도 민간 경제가 성장한 다음 그런 방식은 경제적 효율성을 떨어트릴 뿐입니다. 그래서 우리는 조금씩 조금씩 시장에 자율성을 주고, 제대로 된 자본주의 경제 체제로 나아가려고 했습니다.

처음에는 마치 갓난아이를 보호하듯 국내 기업을 보호할 필요가 있었고, 그래서 수입 상품에 무거운 관세를 물려 외국 상품이 국내 시장을 장악하지 않도록 해야 했습니다. 하지만 보호 무역은 장기적으로 보면 외국의 보복으로 그쪽 시장을 열기 어렵게 하고, 가격 경쟁력만 믿는 국내 기업이 발전의 노력을 게을리하게 만듭니다. 그래서 과감히 시장을 개방함으로써 우리 경제의 체질을 강화할 필요가 있었어요. 그런 맥락에서 경제 협력 개발 기구, 즉 OECD의 가입도 추진했죠.

**김딴지 변호사**   OECD는 1990년대에 들어서 가입한 것 아니었나요?

**김재익**   맞습니다. 금융 실명제처럼 추진은 했지만 성사되지 못했습니다. 제가 만약 좀 더 살았다면 가능하지 않았을까 생각하지만, 이제 와서 그런 생각은 부질없겠죠. 아무튼 우리는 가난하고 자원 없는 개발 도상국의 굴레를 박차고 일어서 선진국들과 어깨를 나란히 하기 위해 갖은 노력을 다했습니다. 그런 노력이 당시에는 결실을 맺지는 못했지만, 금융 실명제도, 경제 개방도, OECD 가입도 결국 나중에 결실을 보게 되어 뿌듯하답니다.

그리고 아까 말씀드린 대로 제5공화국 때 경제는 단순한 호전을 넘어서 비약적 발전했습니다. 경제 지표만 봐도 1980년에 마이너스 3.7퍼센트이던 경제 성장률이 1987년에는 플러스 11.5퍼센트로, 경상 수지는 53억 2000만 달러 적자에서 100억 6000만 달러 흑자로, 물가 상승률은 28.7퍼센트에서 3.1퍼센트로 바뀌었으니까요. 이 명백한 지표를 보고 누가 제5공화국의 경제 성과를 의심하겠습니까?

**김딴지 변호사**　　대단하군요.

**김재익**　　잘 아시겠지만 1988년에 개최된 서울 올림픽도 제5공화국의 업적 중 하나입니다. 개발

1988년 제24회 서울 올림픽

도상국에서 올림픽이 열린 건 사상 처음이었죠. 당시 우리나라가 못사는 나라로 여겨졌다면, 1970년대 말처럼 당장이라도 망할 것 같은 나라로 여겨졌다면 그런 세계인의 축제가 이 땅에서 열렸을 턱이 있겠어요? 제5공화국은 우리 민족이 힘차게 웅비하던 시대였으며, 그 시대에 동참할 수 있었던 것을 자랑스럽게 생각하고 있습니다.

**김딴지 변호사**　　네! 정말 옳은 말씀이십니다. 그런데 증인처럼 훌륭한 분을 비명에 가시게 한 그 사건! 아웅산 폭탄 테러를 떠올리면 다시금 안타까움과 분노가 치밉니다. 그 만행이 없었다면 우리 경제는 얼마나 더 눈부시게 발전했을까요? 정말 귀한 증언을 해 주셔서 감사드립니다. 이것으로 제 질문을 마칩니다.

김딴지 변호사가 화기애애한 분위기 속에 원고 측 신문을 마치는 동안, 이대로 변호사는 묘한 웃음을 띠며 일어서서 증인 신문을 신청했다.


**이대로 변호사**  안녕하십니까. 말씀은 많이 들었습니다.

**김재익**  저도 말씀 많이 들었습니다. 명 변호사로 활약이 대단하시더군요.

**이대로 변호사**  원고 측 증인에게 그런 말을 들으니 왠지 쑥스럽군요. 그러면 '기대에 부응'하여 열심히 해 보겠습니다.

증인은 경제 대통령이라고 불릴 정도로 경제 정책에 관해 대통령의 전적인 신임을 받았으며, 죽기 전까지 대한민국의 경제 운영을 진두지휘하셨습니다. 맞습니까?

**김재익**  그렇다고 해야겠지요.

**이대로 변호사**  그런데 참 이상하네요.

**김재익**  뭐가요?

**이대로 변호사**  제5공화국의 경제 지표가 좋아진 건 1982년 정도부터잖아요? 그나마 경상 수지는 계속 적자를 거듭하다 1986년에야 겨우 흑자로 돌아섰지요. 그리고 처음 박정희 정권으로부터 물려받은 경제 지표를 말씀하실 때는 외채 규모를 언급하시더니 제5공화국 말기의 성과를 말씀하실 때는 슬쩍 빼놓으시더군요.

**김재익**  흐음.

**이대로 변호사**  180억 달러로 세계 4위이던 외채 규모가 600억 달러로 당당히 세계 1위가 되지 않았습니까? 그것도 우리 민족이 힘차게 세계로 웅비한 것인가요?

**김재익**　외채가 많다고 해서 꼭 나쁜 것은 아닙니다.

**이대로 변호사**　좋은 것도 아니죠. 따지고 보면 제5공화국 들어 경제가 안정된 건 다 외국의 힘을 빌렸기 때문입니다. 일본에 구걸하다시피 60억 달러를 꿔 오고, 그것도 모자라서 IMF에 손을 벌렸죠. IMF는 돈을 빌려 주는 대신 철저한 긴축 경제를 요구했고, 그것이 그토록 자랑하시는 물가 안정 등 경제 안정을 가져온 게 아닌가요? ▶이른바 3저라고 하는, 1986년 이후의 국제 석유 가격, 금리, 달러 가격의 하락에 힘입은 점도 크고요.

증인이 청와대에 있을 때는 섣부른 경기 부양책을 쓰다가 역효과만 나서 경제가 더욱 불안정해졌습니다. 그런데 증인과 전두환이 잘해서 경제가 좋아졌다는 말씀을 하시니, 기가 막히는군요.

**김재익**　오해가 크신 듯하네요. 경제 정책이라는 건 단숨에 효과가 나타나는 게 아닙니다. 아까도 말씀드렸지만 1981년에 이미 안정화를 최대 경제 정책 목표로 세우고 노력했으며, 그것이 1982년 이후부터 차차 효과를 낸 것이지 외국의 압력으로 안정화를 추진한 게 아닙니다.

외채를 문제 삼으시는데, 일반 기업만 봐도 사업을 할 때 누가 자기 자본만 가지고 합니까? 은행 대출을 받거나 투자자를 구해서 남의 돈으로 하는 거죠. 문제는 그 빚을 갚을 수 있느냐인데, 1980년대 말 매년 100억 달러씩 흑자

▶ 1980년대 후반에는 국제 경기가 저유가, 저금리, 저환율 상태로 돌아서는 '3저 호황'을 맞아 물가가 안정되고 수출이 크게 늘어났습니다.

교과서에는

를 내던 우리나라가 그런 걱정을 할 필요가 있었나요? 외국에서 돈을 못 빌려 줘서 안달할 정도였는데요.

　　그리고 3저를 언급하셨죠? 네, 그 덕을 본 건 사실입니다. 하지만 그건 우리만 그런 게 아닙니다. 1980년대 이전만 해도 우리보다 훨씬 앞서던 멕시코나 아르헨티나 같은 나라는 왜 3저의 효과를 살려 더욱 발전하지 못했을까요?

**이대로 변호사**　　그거야 그 나라들도 나름의 사정이 있었겠지요. 가령 더 많은 복지를 요구하는 노동자나 국민의 요구를 정권이 제대로 들어주지 못해 사회가 혼란스러웠다든가……. 그런 점에 대해서는 할 말이 없으실 텐데요.

**김재익**　　무슨 뜻인가요?

**이대로 변호사**　　결국 무서운 독재 권력으로 노동자의 정당한 요구를 틀어막는 데 성공하셨지 않습니까? 아까 말씀하실 때도 안정화를 위해 임금 인상을 억제했다고 하셨는데, 말은 아주 점잖지만 실제는 노조 결성을 용인하지 않고, 일한 수준에 맞는 대가를 달라는 사람은 '빨갱이'로 몰아서 끌고 가 고문하는 식이었잖습니까. 노동자들의 한과 불만이 오죽 쌓였으면 1987년 6·29 선언 이후 전국에서 파업이 줄을 이었겠어요?

**김재익**　　옳았다고 할 수 없지만 불가피하기도 했습니다. 일단 나라 경제부터 살리고 봐야 하지 않습니까? 일시적으로 강제적인 조치를 취했지만, 우리는 기본적으로 자율화를 목표로 삼았습니다. 정부가 경제를 멋대로 끌고 가기보다 시장의 원칙에 따라 합리적인 경

제 운영이 되기를 바란 겁니다.

**이대로 변호사**　합리적이라! 명성그룹과 국제그룹 사건들도 합리적이었나요?

**김재익**　으음.

**이대로 변호사**　명성그룹은 1983년에, 국제그룹은 1986년에 각각 정권의 힘으로 공중분해되었습니다. 불법 혐의가 있었고 그 혐의가 일부 사실이기도 했지만 근본적으로는 전두환에게 밉보여서, 정치 자금을 제대로 바치지 않아서 아니었습니까?

**김재익**　제가 이쪽으로 온 다음에 일어난 일들이라 잘은 모르지만, 제가 아는 한 명성그룹 등은 타당한 이유가 있어서 법에 따라 처분된 겁니다. 특히 명성그룹의 경우에는 은행 거래에서 악질적인 편법과 탈법을 저지른 게 발견되었습니다. 그래서 금융 실명제를 반드시 해야 한다는 사실을 일깨워 주기도 했지요.

**이대로 변호사**　과연 그럴까요? 해체된 그룹 회사들이 정권에 잘 보인 그룹들에게 넘어가서, 재계의 판도가 정권에 얼마나 충성하느냐에 따라 바뀌었는데도요? 제5공화국의 역사는 대형 비리로 온통 얼룩져 있습니다. 명성그룹과 국제그룹 사건을 잘 모르신다면 증인이 청와대에 있었던 때 일어난 1982년의 '장영자 이철희 사건'은 어떻습니까? 정치 자금을 불법적으로 모으다가 욕심이 지나쳐서 일어난 사건이었잖아요?

**김재익**　음.

**이대로 변호사**　제5공화국이 끝난 다음 이른바 '5공 청문회'가 열렸는데, 제5공화국의 실세들이 온갖 비리에 가담한 것이 드러났죠. 대통령의 동생인 전경환이 구속되고, 전두환은 불법 정치 자금을 상당량 토해 내고는 백담사로 '귀양살이'를 떠났습니다. 이렇게 ▶정권 실세는 뇌물을 받고, 기업은 정권에 충성하는 여부에 따라 희비가 엇갈리고, ▶▶노동자는 정당한 대가를

강원도 인제군에 있는 절로, 신라 시대에 창건되었으며 전두환과 부인 이순자가 은둔한 곳으로 알려진 백담사

받지 못한 채 죽어라 일하는 나라, 바로 제5공화국 때 대한민국이었습니다! 제5공화국의 경제 사령탑이셨던 분이 '경제 정의'를 논하시다니요!

**김재익** …….

**이대로 변호사** 참, 한 가지 더 남았습니다. 증인이 자랑스레 말씀하신 개방화와 OECD 가입 추진, 그게 어떻게 자랑할 일입니까? 그 정책이 1990년대에 실현되었을 때 어떻게 되었습니까? IMF 사태가 왔습니다. 정권의 자존심을 위해 덜컥 OECD에 가입해 버려 개발 도상국 자격으로 얻을 수 있던 각종 경제적 특혜를 송두리째 잃어버리고, 무턱대고 시장을 개방한 결과 우리 경제가 외국의 금융 투기꾼들의 먹이가 되고 말았지 않습니까?

1990년대에도 그처럼 큰 위기가 왔는데 경제 규모나 건전성 수준이 더 낮았던 1980년대에 그런 일이 일어났

교과서에는

▶ 정부 주도의 성장 정책은 재벌 중심의 한국적 기업 문화를 형성하였습니다. 수출을 주도하는 몇몇 대기업이 정부의 특혜로 성장하여 재벌이 되었고, 기업은 정부의 혜택을 얻기 위한 부적절한 거래에 관심을 기울이면서 정경 유착의 문제가 발생할 수밖에 없었지요.

▶▶ 성장 위주의 경제 정책에 따라 저임금과 장시간의 노동에 시달린 노동자들은 생존권을 위협받는 처지에 내몰리기도 하였습니다.

다면 어떻게 되었을까요? 결국 증인과 함께 일했던 경제 관료들이 1990년대에 경제 정책을 주도하면서 나라를 위기에 빠뜨린 게 아닙니까?

**김재익**　또 질문하실 것 없나요? 한꺼번에 말씀드리겠습니다.

**이대로 변호사**　하나하나 듣자면 끝이 없어서 밤을 샐 것 같으니 일단 대답을 들어 보겠습니다.

**김재익**　알겠습니다. 먼저 제5공화국 때 펼친 경제 정책이 모두 옳았다고는 안 하겠습니다. 이미 말씀드렸듯 추진은 했지만 성공하지 못한 정책도 있었습니다. 그리고 제가 알던 전두환 대통령은 소탈하시고 욕심이 없으신 분이었습니다만, 오래 최고 권력을 갖고 계시다 보니 그 친인척이라든가, 본인 스스로도 부정한 재물의 유혹에 빠질 수도 있었지 않았나 생각합니다.

　하지만 그 점은 제5공화국만을 탓할 것은 아니라고 생각합니다. 제가 알기로는 그 뒤 청와대에 들어온 분들도 비리 의혹에서 자유로운 분들이 하나도 없었으니까요. 어쨌든 실수도 있었고, 부당한 결과를 가져온 적도 있었고, 다소의 편법이나 강제도 있었습니다. 말씀대로 제5공화국의 경제 사령탑을 지낸 사람으로서, 그런 점에 대해 이 자리를 들어 사과드리고 싶습니다.

　그러나 이 점은 꼭 알아주셨으면 합니다. 우리는 건국 이래 최대 수준의 경제 위기 때에 정권을 잡았습니다. 그리고 위기를 극복해 냈습니다. 그 과정에서 여러 문제점이 있었지만, 워낙 긴급하고 절박한 상황이어서 모양새를 꼼꼼히 따지고, 시비를 세세하게 가릴 겨

를이 없었습니다. 그 점은 제 명예를 걸고 자신 있게 말씀드릴 수 있습니다.

그리고 우리는 안정화, 자율화, 개방화라는 원칙을 세웠습니다. 이 원칙을 따르다 보면 부작용도 있을 것이고, 또 다른 위기를 불러올 소지마저 있음이 분명합니다. 하지만 그런 위험을 감수하지 않으면 혁신은 없습니다. 만년 후진국이라는 굴레를 벗고 선진국의 대열로 달려갈 수가 없습니다. 그 길을 가지 않았더라면 우리는 아직까지도 그저 그런 수준에 머물고 있었을 것입니다.

마지막으로, 우리는 국민을 편안하게 했습니다. 적어도 경제만큼은 그랬습니다. 노동자가 억압당했다고 하셨습니다만, 그래서 파업으로 날을 새는 남미의 상황이 더 좋았다고 여기시는 건가요? 과연 그런 사회가 노동자 입장에서 더 좋을까요? 생각해 보십시오. 물가가 안정되어 있습니다. 호황이고 경제 성장이 빠르니 일자리도 많습니다. 웬만큼 노력하면 먹고사는 데 지장이 없습니다. 임금은 그런 고성장 경제에서 빠르게 올라가는 게 정상인데, 그러면 물가가 뛰고 양극화가 발생합니다. 그걸 막으려고 정부가 어느 정도 개입을 했지만 당시 북한에서 선전하던 것처럼 '피죽도 못 먹는' 수준은 전혀 아니었습니다.

1980년대의 대한민국에서 불만과 고통 속에 살던 사람은 극소수의 좌익들 뿐이고 나머지는 모두 평안하고 행복하게 살았습니다. 그런데 오히려 지금의 경제는 어떻습니까? 물가 상승률이 임금 상승률을 뛰어넘고, 일자리는 적어서 대학을 나와도 직장을 갖기 어려우며, 양극화가 갈수록 심해져서 극소수의 부자들만 평안하고 행복한 사회가 아닙니까? 제5공화국 때가 결코 완벽하지는 않았습니다. 하지만 저희가 거둔 성과가 형편없다거나, 아무 일도 하지 않고 외국 덕분에 저절로 이룬 성과라고 하신다면, 그런 사람은 경제의 '경' 자도 모르는 사람이라고 단언할 수 있습니다. 이상입니다.

증언을 마친 김재익은 자료를 챙기더니 판사와 두 변호사에게 인사하고 퇴장했다. 방청석에서는 박수가 나오기도 했지만, 야유를 보내는 사람도 많았다.

**김딴지 변호사**　　김재익 수석 같은 분은 현대사를 통틀어, 아니 한국사 전체로 봐도 좀처럼 찾기 힘든 훌륭한 공무원인데, 너무 푸대접을 하시는 것 같네요. 아무튼 제5공화국의 경제 업적을 보았으니, 이번에는 교육, 문화 관련 업적을 살펴보도록 하겠습니다. 문교부 장관을 지내신 이규호 씨를 증인으로 신청합니다.

# 2

## 제5공화국의 교육·문화 정책은 무엇이었을까?

증인석으로 나온 이규호는 안경을 끼고 머리카락이 하얗게 센 학자 분위기를 풍겼다. 이규호가 증인 선서를 하고 자리에 앉자 김딴지 변호사가 증인에게 다가왔다.

**김딴지 변호사**  안녕하십니까. 이규호 장관님?

**이규호**  네, 안녕하십니까?

**김딴지 변호사**  반갑습니다. 장관께서는 당대의 유명한 철학자로서 연세대학교에서 교수를 지내셨고, 1979년 국토 통일원 장관을 거쳐 1980년부터 1983년까지 문교부 장관을 지내신 것으로 알고 있습니다.

**이규호**  역대 최장수 문교부 장관인데, 아직까지도 내가 세운 기록은 깨지지 않았다고 하더군요.

**김딴지 변호사**　그만큼 일을 잘하셔서, 신망이 두터우셨던 것 같습니다. 방금 증언하신 김재익 수석님처럼 말이죠. 또 장관을 그만두신 다음에도 대통령 비서실장과 주일본 대사를 지내셨으니, 누구보다도 제5공화국의 공과에 대해 자세히 아실 거라고 여겨지네요.

**이규호**　그렇다고 할 수 있겠지요.

**김딴지 변호사**　철학자이시자 고위 관리를 지내신 분이라 답변이 기대됩니다. 그러면 바로 질문에 들어가겠습니다. 제5공화국의 교육 정책을 한마디로 설명하자면 뭐라고 할 수 있을까요?

**이규호**　'한마디'로 말한다면, '된 사람을 만드는 교육'이라고 할 수 있겠지요.

**김딴지 변호사**　좀 더 자세히 설명해 주시겠어요?

**이규호**　잘 아시다시피 우리나라는 이렇다 할 자원이 없고, 오직 사람만이 자원인 나라가 아닙니까? 그러니 교육이 잘되어야 나라도 개인도 잘되는 거지요. 1970년대의 눈부신 경제 성장도 결국 '배워야 산다.'는 신념에 따라 자신들은 못 입고 못 먹어도 자식만은 대학에 보내려는 부모님들의 눈물겨운 노력에 힘입은 것이지요.

그러나 그런 교육열은 한편으로 입시 위주의 교육, 소수 명문 중고교 위주의 교육 풍토로 이어졌습니다. 명문 중학교에 들어가면 곧 명문 고등학교로, 나아가 명문 대학교로 쉽게 진학할 수 있었기 때문입니다. 그래서 초등학생들이, 그때는 국민학생이라고 했습니다만, 아이들이 밤새워 공부하느라 키가 크지 않을 정도였죠.

　　그렇게 입시 과열이 빚어지니 사교육도 기승을 부렸고, 너도나도 더 나은 사교육을 받겠다고 돈을 뿌려 대니 공교육은 설 자리를 잃었습니다. 게다가 부유한 집 학생이 그렇지 못한 학생보다 더 나은 사교육을 받고 더 좋은 학교에 들어가는, 그리하여 결국 더 좋은 일자리를 갖고 더 많은 돈을 벌게 되는 '부의 대물림 현상'까지 나타났습니다.

　　그리고 이렇게 시험 점수 올리는 기계를 양산하다 보니 정작 세계 무대에서 활약할 수 있는 창의적인 인재는 많지 않았고, 또 지식만 머리에 차 있을 뿐 지식을 정의롭게 활용할 인성은 부족한 상황이 되었습니다.

**김딴지 변호사**　　입시 위주 교육의 문제점, 사교육의 폐해, 창의와 인성을 갖춘 인재의 필요성, 이건 요즘도 많이 듣는 이야기군요.

**이규호**　　그렇습니다. 제5공화국 때에 대해서 말이 많지만, 적어도 교육만큼은 아직도 제5공화국 시절의 숙제를 해결하지 못하고 있는 셈이지요. 아니, 제5공화국은 해결한 문제를 다시 떠안게 되었다고 하는 게 정확하겠죠.

**김딴지 변호사**　　당시는 그런 문제를 어떻게 해결했나요?

**이규호**　　먼저 1980년 7월 30일에 '7·30 교육 개혁'을 발표했어요. 그 내용은 대입 본고사를 폐지하고, 내신 성적을 반영하며, 대학의 입학 정원을 늘리는 대신 졸업 정원제를 실시하고, 과외를 금지한다는 등이었죠.

**김딴지 변호사**　　구체적으로 설명해 주세요.

이규호 　본고사라는 건 대학에 진학할 학생들이 모두 공통으로 예비고사를 치르고, 다시 목표로 하는 대학에서 대학별 본고사를 치르는 방식의 입시 제도였습니다. 이게 큰 폐단을 낳았습니다.

　첫째, 국어, 영어, 수학 중심의 본고사가 중요한 진학 관문이 되니까 그 과목들만 집중적으로 공부하느라고 예체능을 비롯한 과목들은 찬밥이 되는 교과목 쏠림 현상이 벌어졌습니다. 체육 시간에 모두 교실에 앉아서 영어 공부를 하고, 도덕 시간에 수학 참고서를 펴 놓고 공부하는 모습이 바람직한 모습은 아니잖아요?

　둘째, 그런 본고사 대비를 위해 사교육이 그야말로 기승을 부렸습

**고교 평준화**
학교 간의 교육 조건을 균등화
하여 학교 차를 해소하고 교육
의 평등을 실현하기 위한 정책
입니다.

셋째, 일부 대학에서는 입시 담당자가 학부모에게 금품을 받고, 본고사 성적을 조작하는 일까지 벌어졌습니다.

그래서 본고사를 없애고, 예비고사, 그러니까 학력고사만으로 입시를 치르는 한편 고등학교 3년 동안의 내신 성적을 덧붙여 평가하도록 했어요. 그러면 본고사의 문제점이 해소되면서, 국어, 영어, 수학 외의 과목도 열심히 공부할 수밖에 없겠죠?

그래서 1987년 이후 정권을 잡은 이른바 '민주화 인사'들은 제5공화국을 마치 악마가 지배하던 시대인 것처럼 온갖 험담을 늘어놓으면서도, 이 본고사 실시 금지는 '3불 정책'의 하나로 삼아 교육 정책의 핵심 중의 핵심으로 유지하고 있답니다. 3불의 나머지 둘은 기여입학제 금지와 고교 평준화 유지인데, 고교 평준화도 1970년대 말부터 조금씩 이루어진 것을 제5공화국 때 본격화하여 기본 원칙으로 삼았지요.

김딴지 변호사    그렇군요!

이규호    뭐니 뭐니 해도 가장 큰 교육 개혁은 과외를 일체 금지한 게 아닌가 싶습니다. 하루종일 과외 받으러 다니라 바쁘고 '부족한 잠을 학교에서 채우는' 어이없는 현실을 바로잡았으니까요.

김딴지 변호사    하지만 한편으로는 학교 교육에 불만이 있으니 사교육을 받는 것이고, 그것은 개인의 자유인데 강제로 틀어막는 것은 좀 곤란하지 않을까요?

이규호    자유……. 자유도 좋지만, 사회 질서를 문란하게 하고 사회 정의를 어지럽히는 자유는 규제되어야 하겠죠? 이른바 '있는 집'들의 고액 과외는 상상을 초월했어요. 그걸 어떻게든 따라가 보려는 '조금 있는 집'들은 가랑이가 찢어지고, 아예 따라갈 처지도 못되는 '없는 집'들은 절망하고…….

본고사와 과외 때문에 학교 교육이 기형화되었을 뿐만 아니라 '과외 망국론'이 나올 만큼 사회적 문제가 심각했죠. 개인의 자유로 사교육을 받는다고 해도 오직 본고사에 붙기 위해 받는 사교육이었으니 참인재를 양성하기 위한 교육적 효과도 없었지요.

**김딴지 변호사**　　그러면 제5공화국 때는 본고사와 과외를 금지하고 고교 평준화를 확대함으로써 결국 어떤 인재를 양성하려 했던 건가요?

**이규호**　　'전인 교육'이라는 말을 들어보셨는지요? '완전한 사람'을 만드는 교육이라는 뜻입니다. 국어, 영어, 수학만 잘하는 수재, 머리만 잘 쓰고 몸은 형편없이 쓰는 인재가 아니라 철학, 역사, 사회, 과학, 외국어, 실과 등 기본적으로 배워야 할 공부를 제대로 익히고, 또한 예체능도 기본 이상으로 해내는 그런 사람이 완전한 사람이라고 할 수 있고, 과거 르네상스 시대에 이상적으로 그려진 인재라고 할 수 있습니다.

그건 세계적 기준에도 맞아요. 미국 중·고등학교에 가 보세요. 이래도 되나 싶을 정도로 체육만 열심히 시킨다니까요. 수학 문제를 잘 못 풀어도 건강한 신체를 지녀야 건강한 정신을 가질 수 있는 법입니다. 그런 사람이 더 가치 있는 인생을 살 수 있고, 나라에 공헌하는 사람이 될 수 있죠. 우리는 그런 전인 교육을 하려고 했습니다.

**김딴지 변호사**　　그러니까 창의성과 인성을 함께 갖춘 인재를 키우자는 뜻도 되겠군요?

**이규호**　　물론이죠. 또 대학 정원을 입학할 때는 늘리고, 졸업할 때는 줄이도록 했습니다. 바로 졸업 정원제라는 것입니다. 가만히 보니까 초등학교부터 고등학교 때까지 그렇게 입시 지옥에 시달리고는, 정작 목표인 대학에 입학하고는 이젠 공부할 거 다했다는 식으로 놀기만 하더라고요. 정말 큰 공부는 대학에서 해야 하고 그러려고 대학을 가는 게 맞는데, 대학을 들어갈 때까지만 공부하고 놓아 버리니, 우스운 꼴이잖아요? 그래서 입시 부담을 조금이라도 줄이려는 뜻에서도 대입 정원을 크게 늘리고, 대신 졸업할 수 있는 정원은 줄였습니다. 중퇴자가 되지 않으려면 열심히 노력하고 공부하지 않을 수가 없죠. 대학생들은 불만이 있었겠지만, 합리적인 제도였다고 봐요. 불행히도 이른바 민주화가 된 다음 폐지되어 버렸지만…….

**김딴지 변호사**　　안타깝다는 생각이 듭니다. 과외 금지도 민주화 이후 풀렸잖습니까? 왜 민주주의를 무엇보다 앞세우는 정권에서 그렇게 했는지 모르겠군요.

**이규호**　　또 있습니다. 제5공화국 때 교복 자율화를 했어요. 한창 나이의 청소년들이 일제 강점기 때의 유산인 칙칙한 교복으로 몸을 싸고 다니는 게 뭐가 좋겠어요? 그래서 자율화를 했는데, 민주화되고는 점점 교복이 부활하더군요. 그러면서 제5공화국이 뭐든 강제적이고 획일적이었다고들 말하지요.

**연수 제도**
학문 따위를 연구하고 닦기 위한
연구와 교육 제도를 말합니다.

**김딴지 변호사**　　맞는 말씀입니다.

**이규호**　　그리고 제가 문교부 장관을 그만둔 뒤의 일입니다만, 교사들의 실력을 향상시키기 위해 **연수 제도**를 마련했습니다. 그때까지는 한 번 교사가 되면 시대에 뒤떨어진 내용을 매년 되풀이해 가르쳐도 문제가 없었고, 그런 점에서도 공교육이 외면되었거든요. 그래서 교사들도 끝없이 배워 학생들을 더 잘 가르치고 더 바르게 가르칠 수 있도록 한 거죠.

　　또 학생들에게 경제 교육과 성교육, 그리고 컴퓨터 교육을 시키기 시작한 것도 제5공화국 때입니다. 경제도 그랬지만, 교육에서도 21세기 글로벌 시대를 내다보고, 대비해 나갔던 거죠.

**김딴지 변호사**　　말씀을 들으니 대한민국 교육이 크게 발전하는 계기를 마련했던 시대인 것 같습니다. 오히려 다음 정권들에서 그걸 잘 살리지 못한 게 아닌가 싶고요. 그러면 장관님, 말씀하시는 김에 교육뿐 아니라 제5공화국의 문화 정책에 대해서도 말씀해 주시겠습니까?

**이규호**　　제5공화국의 문화 정책은 일단 '문화를 통해 삶의 여유를 갖자'는 목표를 따랐다고 할 수 있습니다. ▶이 시기에 처음으로 컬러 텔레비전 방송이 시작되었고, 프로 야구, 프로 축구, 프로 씨름이 생겨나 국민이 본격적으로 스포츠에 열광하는 시대가 열렸죠. 박정희 정권 때의 야간 통행금지도 폐지하여, 국민이 좀 더 여유 있게 여가를 즐길 수 있도록 했습니다.

**교과서에는**

▶ 전두환 정부는 야간 통행
금지 폐지, 두발·교복 자율
화, 프로 야구단 창단 등의
유화 정책을 폈습니다.

또한 전국의 전통 문화를 한자리에서 맛보는 잔치였던 '국풍 81'을 계기로 그동안 산업 개발에만 몰두하여 잊어버리고 있던 전통 문화를 되살리고 상품화하는 노력도 기울였지요.

제5차 경제 사회 개발 5개년 계획의 주요 목표 중 하나로 '문화 국가 창달'을 잡았을 만큼 문화를 중시한 정권이었습니다. 그 문화 발전의 성과는 1988년 서울 올림픽 개막식에서 확인되었습니다. 세계인이 지켜본 개막식은 이전에 개최된 어느 올림픽 개막식보다 문화적으로 뛰어나고 격조 높은 개막식으로 기억되고 있지요.

**김딴지 변호사** 많은 문제점에도 불구하고, 제5공화국은 대한민국의 발전에 중요한 역할을 했다는 것이 더욱 분명해 보입니다. 귀한 증언에 감사드립니다.

**이규호** 당연히 해야 할 일인데요.

**이대로 변호사** 자! 그럼 이제 제게도 감사드릴 기회를 주시겠습니까?

**이규호** 물론이죠. 무엇이든 물어보십시오.

**이대로 변호사** 먼저 '5공의 사상적 대변인'과 이야기할 수 있게 되어 영광입니다.

**이규호** 무슨 말씀이시죠?

**이대로 변호사** 잘 아실 텐데요? 교수로 계실 때부터 군사 반란과 제5공화국 출범을 열렬히 환영하는 글을 잇달아 발표해 유명해지셨잖아요? 영향력 있는 철학자로서 제5공화국은 당위이며 우리가 추구할 이상이라는 발언을 하셨으니, 학생들은 아까 나온 말처럼 '멘

붕'을 겪었을 것 같습니다.

**이규호**    으음…….

**이대로 변호사**    그리고 제5공화국의 교육 정책을 낯간지
럽게 찬양, 아니 자화자찬하셨는데요, 요즘 교육 정책이
좀 문제가 있기는 해도 제5공화국 때보다는 낫습니다.

**이규호**    왜 그렇게 생각하시죠?

**이대로 변호사**    제5공화국의 교육 정책은 문제를 해결하기보다 더
크게 부추겼으며, 또한 교육자로서 도저히 용서할 수 없는 짓을 저
지르도록 만들었기 때문이죠.

**이규호**    무슨 말씀이신지 알아들을 수가 없군요.

**이대로 변호사**    일단 본고사를 폐지하고 과외를 금지했다, 그것으
로 입시 지옥에서 학생들을 구했다고 하셨지요? 그 말은 곧 어린 송
아지가 부뚜막에 앉아 울고 있으니까 엉덩이에 얼음 주머니를 대 주
는 것과 같습니다.

**이규호**    송아지가 어쨌다고요?

**이대로 변호사**    입시 과열이 생긴 근본 원인은 누구나 대학에 들어
가려 하기 때문입니다. 송아지를 도우려면 부뚜막에서 내려오게 해
주어야 하듯, 입시 과열을 근본적으로 없애려면 꼭 대학에 가지 않
아도 성공할 수 있는 환경을 만들어 주어야 합니다. 독재 권력을 손
에 쥐었으니 독일처럼 중등 과정을 **직능별**로 구분하여, 대학은 정말
학문 연구에 힘쓸 사람만 가도록 하고 대부분은 고등학교만 나오면
행복하게 잘살 수 있는 세상을 만들 수도 있지 않았을까요? 민주화

**직능별**
직업이나 직무에 따른 고유한
기능이나 역할별로 나누는 것을
말합니다.

된 요즘은 그렇게 하려고 해도 현실적으로 어려운 일이지요.

대학을 향한 목마름이 그대로인 상태에서 사교육을 금지시키고 본고사를 없앤들, 과외는 있는 집 위주의 비밀 과외 형태로 계속될 수밖에 없었고, 내신을 추가하니 이제는 학력고사와 내신을 위해서 학교마다 야간 '자율 학습'과 보충 수업을 실시해 학생들은 밤 열두 시가 다 되어 집에 오는 상황이 되어 버렸죠.

그리고 입시 지옥에 숨통을 틔운다며 대학 정원을 늘렸고, 이 정책을 이후 정권들도 따라 했는데, 그것은 대학 입시 전쟁을 완화하기는커녕 이제는 아무나 대학을 가는 시대이니 반드시 명문대를 가야 하며 그게 안 되면 '인서울(in Seoul)'이라도 가야 체면이 선다, 80퍼센트가 들어가는 대학을 못 갔다면 그건 사람도 아니다는 식의 인식을 심고 말았습니다. 결국 대학을 향한 목마름은 더 심해진 채로 새 교육부 장관이 취임할 때마다 입시 제도만 이리 바꾸고 저리 바꾸느라 학생들 혼란을 겪고 있는 것이 지금의 현실이죠.

마치 제5공화국이 입시 위주 교육의 폐해를 단숨에 해결했다는 듯 말씀하시는데, 그 실상은 '부뚜막 위에 앉은 송아지 엉덩이에 댄 얼음 주머니'나 마찬가지였고, 장기적으로는 오히려 문제를 더 심각하게 만들었던 것입니다.

이규호    흐음…….

이대로 변호사    그리고 전인 교육을 운운하시고, 대학생이 본분인 공부에 충실할 수 있는 환경을 만들었다고 하셨는데, 모두 헛소리입니다.

뜨거운 부뚜막에 앉아 울고 있는 송아지 엉덩이에 얼음 주머니를 대 주는 건 근본적인 문제를 해결하는 게 아닙니다.

그게, 무슨…?

김딴지 변호사    이의 있습니다! 피고 측은 증인을 인격적으로 모독하고 있습니다.

판사    인정합니다. 피고 측은 자극적인 표현을 삼가해 주세요.

이대로 변호사    주의하겠습니다. 아무튼 졸업 정원제는 말씀 그대로 대학생들이 공부에 열중할 수밖에 없는 상황을 만들었습니다. 바꾸어 말하면, 학생들이 서로를 경쟁자로 여기며 학점 따기 전쟁을 벌여야 했다는 이야기죠. 당연히 정치나 정책에 대해 관심을 가질 여유는 없었고요! 박정희는 학생들의 시위를 막기 위해 긴급 조치를 연달아 취했는데, 제5공화국 때는 철학자 출신의 문교부 장관이 있어서 더 교묘한 방법으로 시위가 일어나지 않도록 하려 한 게 아닌 가요?

**이규호**  이것 보세요.

**이대로 변호사**  그럼에도 불구하고 독재에 신음하는 조국을 외면 할 수 없어 학생 운동에 나선 학생들을 증인은 어떻게 했죠? '학원 안정법', 잘 아시죠?

**이규호**  이봐요, 학원 안정법은 내가 문교부 장관을 할 때가 아닙 니다.

**이대로 변호사**  그렇긴 하네요. 1986년에 만들어졌으니……. 하지 만 그 법이 이루어지기 전, 그러니까 장관을 하실 때는 뭘 하셨죠? 대학들에 학생 운동을 하는 학생들을 찾아내 보고하라고 한 다음, 그 명단을 병무청에 넘겨주었죠?

**이규호**  흐흠.

**이대로 변호사**  병무청은 명단에 있는 학생들을 강제 징집했고 대 개 최전방으로 보냈습니다. '말 안 듣는' 학생들을 대학 캠퍼스에서 쓸어 내고 군대에서 귀양살이를 시키겠다는, 인권은 무시된 비교육 적인 폭거였어요. 증인은 그 선봉이 되셨던 것 아닙니까!

**이규호**  …….

방청석 한쪽에서는 '맞아, 맞아!', '나도 그때 끌려갔어!' 하는 목소 리가 나왔다. 한편 다른 쪽 방청객의 표정은 어두워졌다. 특히 원고 석의 최애국은 당황함을 감추지 못하며 고개를 저었다.

**이대로 변호사**    그때 끌려간 학생들 중에는 군대에서 이른바 '의문 사'를 당해 저승으로 직행한 분들도 있습니다. 바로 저기 있지요.

이대로 변호사가 방청석의 학생들을 가리키자 학생들의 함성이 터져 나오고 울음을 터뜨리는 학생도 있었다. 경비원들이 어수선한 방청석을 진정시키느라 분주히 왔다 갔다 했다.

**이대로 변호사**    그래도 하다 하다 안 되니, 결국 학원 안정법이 나왔죠. 그건 그야말로 대학교를 향한 쿠데타였습니다. 대학 구내에 군대를 투입하고, '학원 소요를 일으키는 불순 세력'은 모조리 색출하여 감옥에 처넣겠다는 것이었으니…….

**이규호** …….

**이대로 변호사** 이게 전인 교육입니까? 이것이 과연 인성 교육입니까? 대통령과 교육계의 우두머리가 이런 수준인데 어떻게 르네상스적 인간이 나오고, 인성이 바른 사람이 나올 수 있습니까? 교복만 자율화하면 뭐합니까? 중·고등학생은 '자율 학습'으로 날을 새고, 대학생은 '자율'을 입에 담았다가는 군대에 끌려가든지 감옥에 들어가는 세상인데요. 말씀해 보십시오!

이규호가 안경을 벗어 닦았다. 찡그린 이마의 주름살이 한결 깊게 패인 듯했다.

**이규호** 냉정하고 공정해야 할 변호사께서 너무 감정에 사로잡히신 것 같군요. 아무튼 그때 그 시절에는 그런 선택이 최선이었다는 말씀을 드립니다. 저도 자식과 손자가 있는 사람입니다. 오랫동안 대학생들을 가르치며 그들을 철학의 길로 인도하려 했던 사람입니다. 오늘날의 시각에서 나쁘게 여겨지는 일을 했다면, 어찌 가벼운 마음으로 생각 없이 그랬겠습니까? 나라와 국민을 향한 충정을 알아 주셨으면 좋겠지만, 납득하지 못하신다면 어쩔 수 없겠죠.

**이대로 변호사** 마지막으로 한 가지만 더 말하겠습니다. 아까 증인은 제5공화국의 문화 정책도 침이 마르게 칭찬하셨죠?

**이규호**　　그랬죠.

**이대로 변호사**　　그것도 말이 안 됩니다. 그 시절의 문화 정책을 사람들은 '3S 정책'이라 불렀죠. 스포츠(sports), 성(sex), 영화(screen). 이세 가지를 특히 활성화하고 잔뜩 띄우는 정책이라고요.

　결국 국민이 정치 같은 것은 관심을 갖지 말고, 프로 야구나 보든지 영화나 보며 개인의 삶을 즐겨라, 이거 아닙니까? 된 사람이니 삶의 질이니 합니다만, 결국 독재자에게 지배당하면서도 순간적인 즐거움에 딴 생각을 못하는 배부른 돼지가 되라는 말이었죠.

**이규호**　　너무 삐딱하게 보시는군요. 그러면 1960~1970년대의 무미건조하고 살벌한 문화가 낫다는 말입니까? 경제 규모가 중진국을 넘어 선진국으로 가는데, 컬러 텔레비전도 못 보고 프로 스포츠에 열광하지도 못한다는 말입니까?

**이대로 변호사**　　그런 정책을 추진한 동기가 불순하다는 말입니다. 국민을 위하는 체하며 사실은 자신들의 권력을 굳히려는 생각뿐이었으니까요.

**이규호**　　자꾸 그렇게 말씀하시면 제가 드릴 말이 없군요.

　이렇게 말하고 이규호는 입을 다물어 버렸다. 이대로 변호사는 할 수 없이 질문을 마쳤다. 이규호는 자리에서 일어나, 학생들의 빗발치는 야유 속에 급하게 퇴장했다.

# 3

## 제5공화국 때 대다수 국민은 행복했을까?

**판사**     그럼 오늘 재판은 여기서 마무리할까요? 시간도 많이 지났 데요.

**이대로 변호사**     잠깐만요. 저희 쪽에서도 증인을 한 분 모실까 합니 다. 그리 오래 걸리지는 않을 겁니다.

판사의 허락을 얻은 이대로 변호사는 전 민주통합당 상임고문, 김 근태를 증인으로 신청했다. 김근태는 얼굴에 웃음을 띠고 가벼운 걸 음으로 등장했다. 일부 학생들이 환호하자 그들을 향해 손을 흔들어 주기도 했다.

**이대로 변호사**     김 고문님, 아니…… 김 의원님, 안녕하십니까?

김근태    하하, 죽은 사람이 '안녕'할까요. 그리고 무거운 호칭은 거북하군요. 그냥 증인이라고 부르시든지, 김 선생이라고 불러 주세요.

이대로 변호사    이쪽으로 오신 지 얼마 안 되셨는데, 적응은 어느 정도 되셨나요?

김근태    하하, 어딜 가도 사람이 있고, 사람이 있으면 기쁨도, 괴로움도 있는 법이죠. 저승도 그런 점에서 차이가 없더군요. 사실 제가 악몽을 겪었던 '남영동 대공분실'에 비하면 저승이 백 배, 천 배 자유롭고 평화롭네요.

이대로 변호사    떠올리기 힘드시겠지만 남영동 대공분실에 대해 증언해 주십사 하고 모시게 되었습니다. 일단 본인 소개와 더불어 당시의 일을 증언을 해 주십시오.

김근태    제 이름은 김근태이고 1965년에 대학에 들어가 박정희 군부 독재에 반대하는 운동에 참여했습니다. 군대에 끌려가기도 했고, 박정희 정권이 끝날 때까지 투쟁, 수배, 체포를 반복하는 세월을 보냈죠.

1980년에 '서울의 봄'이 온 걸 기뻐했지만 곧바로 다시 군인들이 지배하는 나라가 되고 말았죠. 저는 민주화 운동 청년 연합, 줄여서 민청련이라는 민주화 운동 단체를 조직해서 투쟁했는데, 그 때문에 1985년 8월, 남영동 대공분실로 잡혀가 이렇게 죽어서도 결코 잊지 못할 23일 동안의 악몽을 꾸게 되었죠.

**남영동 대공분실**

'대공'은 공산주의나 공산주의자를 상대하는 것을 뜻하는 말이고, '분실'은 작게 나눠진 방을 뜻하는 말입니다. 남영동에 있었던 남영동 대공분실은 정권에 반대하는 민주화 인사를 비롯한 여러 지식인들을 고문한 곳으로 악명 높은 장소였습니다.

김근태는 당시를 떠올리며 감정이 북받쳐 올랐는지, 입술을 부르르 떨었다.

**이대로 변호사**　　남영동 대공분실이라는 게 대체 뭔가요? 그곳에서 무슨 일을 겪으신 거죠?

**김근태**　　말은 간첩 혐의자를 잡아다 심문하는 곳이라는데, 사실은 민주화 운동을 한 사람을 고문하는 곳으로 쓰였죠. 당시의 일은 똑똑히 기억하고 있습니다. 그들은 제 옷을 벗기고 칠성판이라 부르는 나무 탁자에 눕히고 단단히 묶었습니다. 그리고 배후를 대라, 북한의 지령을 받은 것이 아니냐고 물었지요. 당연히 저는 사실이 아니라고 대답했습니다. 그게 사실이었으니까요.

그러자 그들은 고압 전류가 흐르는 전극을 제 몸에 꽂았고, 그리고…… 전류 스위치를 올렸어요. 그 순간 지옥이 펼쳐졌습니다. 제가 죽을 듯 몸부림치다가 입에 거품을 물고 죽을 것처럼 경련을 하면 전류를 끊었어요. 그리고 눈이 뒤집혀 사시나무처럼 덜덜 떨고 있는 제 귀에다 대고 고함을 쳤죠. "빨리 불란 말야! 김일성의 지령을 받았다고 자백하란 말야!" 하지만 하지도 않은, 있지도 않은 일을 어떻게 자백합니까. 그들은 다시 스위치를 올렸고, 간간이 물고문도 했어요. 제가 그들이 원하는 대답을 하지 않으니까 무차별적으로 주먹도 휘둘렀지요.

결국 저는 열 차례의 전기 고문과 두 차례의 물고문을 당한 다음에야 풀려났어요. 그곳에 가기 전까지는 미처 몰랐습니다. 사람이 얼

마나 잔인해질 수 있는지를요. 그곳을 비틀거리며 기듯이 걸어나올 때까지는 정말 몰랐죠. 살아 있음이 그렇게 행복하다는 것을요. 저를 끌어안고 우는 아내를 안으며, 저는 이 정권과 평생 싸워야겠다고 다 짐했어요. 제가 당한 고통을 보복하기 위해서가 아니라, 저와 같은 고통을 당하는 사람이 다시는 없도록 하기 위해서 말입니다.

김근태의 말이 이어지는 동안 법정은 쥐 죽은 듯 조용했다. 눈물을 훔치는 소리만이 숨막힐 듯한 정적을 간간이 깨트렸다. 군인 방

**파킨슨병**
사지와 몸이 떨리고 경직되는
신경 계통의 병으로 연령이 높
을수록 발생 빈도가 높습니다.

청객들도 고개를 돌리거나, 눈을 감고 있었다. 두 변호사도 할 말을 잊은 채 김근태만 바라보았다.

김근태    그게 완전한 석방은 아니었습니다. 아내의 얼굴을 잠깐 본 다음, 저는 감옥으로 끌려가 3년이 지난 1988년에야 풀려났습니다. 1987년에 6월 민주 항쟁으로 민주화가 이루어진 다음의 일이었죠.

그러나 제 '평생의 싸움'은 끝이 아니었어요. 저를 고문하고 이 나라를 고문했던 세력이 아직 존재하고 있었으니까요. 제5공화국을 이어받은 노태우 정권은 저를 다시 감옥에 넣더군요. 1992년에 석방된 저는 그들이 함부로 권력을 휘두르지 못하게 하려고 정치에 뛰어들었고, 국회의원, 장관, 당 상임고문 등을 지냈어요. 군사 독재의 잔재가 느리지만 서서히 걷혀 가는 모습을 볼 수 있었죠.

하지만 그때의 고문이 제 정신은 건드리지 못했지만, 육체에는 치명적인 영향을 남겼어요. 등이 펴지지 않고 발걸음도 뒤틀리는 증세를 오랫동안 참고 살아야 했는데, 나이가 드니까 파킨슨병이라는 심한 병으로 이어지더군요. 결국 저는 2011년 12월에 눈을 감아야 했죠.

제가 이곳으로 왔으니 이제 저의 싸움은 끝났다고 생각하는 분도 있을 것 같군요. 그러나 불행히도 싸움은 끝나지 않았습니다. 물론 제5공화국의 발톱은 이미 빠졌고, 이 땅에 다시 군사 독재가 행해지거나, 대공분실이 또 다른 희생자를 집어삼키기 위해 열리는 일은 없을 것입니다. 아마도요. 하지만 그때 그 시절의 일이 불가피했다,

또는 정당했다고 믿는 사람들이 아직도 있습니다. 제 고문을 지휘했던 사람도 그중의 하나죠. 그는 목사가 되었더군요. 저는 개인적으로는 그를 용서한다고 말해 줬어요. 그런데 그는 이렇게 말하더군요. '그때의 일은 필요한 일이었다. 고문은 애국이었다. 다시 그때로 돌아가더라도 똑같은 일을 할 것이다.'

방청객 일부는 무시무시한 이야기를 들은 듯 몸서리를 쳤다.

**김근태**　그런 생각을 하는 사람이 남아 있는 이상, 저의 싸움은 끝나지 않을 겁니다. 그래서 이 자리에 나온 것입니다. 저승의 재판에서라도 제가 무슨 일을 당했으며, 그것이 어떤 의미가 있었는지를 밝히기 위해서요. 이것이 저의 싸움입니다.

이대로 변호사는 손수건으로 눈물을 닦은 뒤 잠긴 목소리로 김근태에게 말했다.

**이대로 변호사**　무슨 말이 더 필요하겠습니까? 김 선생님의 크고 높은 뜻을, 선생님을 괴롭힌 자들의 비열함을 누가 모르겠습니까? 증언 감사합니다.

이대로 변호사가 자리에 앉자 김딴지 변호사가 주춤거리며 일어섰다.

**반정부 운동**
기존의 정부나 정부의 시책에
반대하는 운동을 말합니다.

김딴지 변호사　　원고 측 변호인인 김딴지라고 합니다.

**김근태**　　아, 네.

김딴지 변호사　　증인이 겪은 일은 저도 안타깝게 생각합니다. 그런 일이 되풀이되면 안 된다는 점도 공감합니다. 하지만 한편으론 그럴 수밖에 없었던 당시 상황을 조금 고려해 보실 수 없으신지……

**김근태**　　불가피성요? 그 일에 어떤 불가피성이 있었을까요?

김딴지 변호사　　말하자면 여전히 냉전이 심각했던 시대가 아닙니까? 북한은 끊임없이 무력 도발을 해 오는 상태였고요. 그래서 아무리 순수한 뜻에서 반정부 운동을 하신다 해도 그 배후에 북한이 있는 게 아닌지 의심할 수 있는 상황이 아니었는지……

**김근태**　　말씀대로 당시 북한이 우리 체제를 위협하고 있기는 했죠.

　　뜻밖의 말에 이대로 변호사와 피고석의 나민주가 움찔 놀랐다.

김딴지 변호사　　그렇지요? 그러니까 과격한 방법이기는 하나 증인을 고문한 것도 어느 정도는 이해한다는 말씀이신 거죠?

**김근태**　　제 말뜻을 잘못 이해하셨군요. 바로 그런 말과 행동이, 우리 체제를 위협하는 결과를 가져오게 되었다는 말입니다.

김딴지 변호사　　네?

**김근태**　　대한민국을 정권이 인권을 마음대로 짓밟는 야만 국가로 만들어 놓았으니, 북한에 비해 우리가 나은 점이 뭐가 있겠습니까?

그런 분한 심정에서 이럴 바에는 차라리 김일성이 쳐들어오는 게 나을지도 모르겠다, 그런 생각을 하는 국민마저 생겼다는 거죠. 그게 바로 체제를 위협하는 일이 아니고 뭐겠습니까?

이대로와 나민주는 안도의 한숨을 쉬었고, 김딴지는 약간 흥분한 듯 안경을 고쳐 썼다.

**김딴지 변호사**　　당시 국민이 우리 체제를 북한이나 다름없다고 생각했다고요? 그 주장을 뒷받침할 근거가 있습니까?

**김근태**　　1987년 6월 민주 항쟁만 한 근거가 또 있습니까?

**김딴지 변호사**　　당시 다수의 국민이 우리 사회는 좀 더 민주화가 되어야 한다고 생각했던 점은 분명합니다. 하지만 제5공화국을 북한 이상으로 혐오하지는 않았습니다. 만약 그랬다면 제5공화국의 주역인 노태우 씨가, 아무리 김대중과 김영삼이 분열했다고 해도 다음 대통령에 뽑힐 수 있었을까요?

증인이 그런 일을 당하기도 하셨고, 주변 분들이 다 반정부 운동을 하시는 분들이다 보니 전 국민이 제5공화국에 치를 떤다고 여길 수도 있겠지요. 하지만 앞서 증인이 말씀하신 대로, 제5공화국은 극소수의 좌익을 제외하면 모두가 행복한 시대였습니다.

**김근태**　　하하하.

김근태는 어이가 없다는 듯 잠시 허공을 올려다보며 조용히 웃다가 표정을 바꾸고 김딴지를 지그시 바라보며 말했다.

**김근태**     어떤 증인이 그렇게 말했는지는 몰라도, 그 시대가 '극소수의 좌익'만 불행한 시대가 아니었다는 증거를 이 자리에서 보여 드릴 수 있습니다.

**김딴지 변호사**     그래요? 이 자리에서요? 증거가 뭐죠?

    김근태는 조용히 손가락을 들더니 자신을 가리켰다.

**김근태**     바로 접니다.

**김딴지 변호사**     네?

**김근태**     대한민국 국민인 제가 개처럼 끌려가서 고문을 당했습니다. 고문한 당사자는 처벌받지도 않았으며, 아직까지 그 일이 정당했다고 호언하고 있습니다. 이 사실이 바로 그 시대가 '모두가 불행한 시대'였음을 증명합니다.

    국가란 무엇입니까? 국민을 위해서 있는 것입니다. 국민의 눈물을 닦아 주기 위해, 국민이 뽑고 국민이 동의해서 권력자들이 그 자리에 있는 것입니다. 그러나 권력자들을 위해서 국가가 존재하고, 국민을 탄압하고 국민의 뜻을 무시한 채 움직인다면, 그것은 국가가 아닙니다. 그런 국가는 존재할 이유가 없습니다.

    설령 국민의 99.99퍼센트가 싼 물가와 쉽게 얻는 일자리와 컬러텔레비전과 프로 야구를 누리며 여유 있게 살았다 해도, 단 한 사람

이라도 붙잡혀 가 고문을 당하는 일이 허용된다면, 그 나라의 국민은 행복하다고 말할 수 없습니다. 지금은 편안하다 해도, 언제 끌려가 야만적인 폭력에 희생될 지 모르기 때문입니다.

체제에 순응하고 정치를 외면하며 주권자로서의 권리와 인간으로서의 존엄함을 잊어버리고 살면 편안할 수 있고, 자유와 정의에 대해 입을 열면 인간 이하의 취급을 당하는 세상, 그런 세상에서 변호사님은 행복하게 살 수 있겠습니까? 나는 겁이 많아서 의로운 싸움에 나설 염두가 나지 않는다 해도, 내 이웃이 끌려가 고문을 당하

서울대에서 열린 박종철 추모 행사에 참석한 행렬

고, 폭행을 당하고, 의문사를 당하고 있는데, 광주에서 노인과 어린아이가 총에 맞고, 부천 경찰서에서 권인숙이 성고문을 당하고, 남영동 대공분실에서 인간 백정이 날뛰고, ▶탁자를 탁 치니까 박종철이 억 하고 죽고, ▶▶6월의 거리에서 이한열이 피를 뿌리며 쓰러지는데, '극소수만 빼고 모두가 행복'하다고 말씀하실 수 있습니까?

그런 세상은 어두운 세상입니다. 아무리 햇빛이 찬란하게 비칠지언정, 살기 위해 인간으로서의 양심을 버리기를 강요하는 세상은 밝은 세상이 아닙니다. 저나 제 동료들이 절대 선이었다고 말하는 것은 아닙니다. 하지만 그런 세상을 이끌었던 세력은 절대 악입니다. 절대 악을 편들지 마시기를 부탁드립니다. 악인도 변호받을 권리가 있습니다. 그러나 악 자체를 변호해서는 안 됩니다.

교과서에는

▶ 1987년 1월 경찰은 고문을 받다가 죽은 박종철의 죽음을 '탁 하고 치니 억 하고 죽었다.'라고 거짓 발표하였습니다.
▶▶ 1987년 6월 시위를 벌이던 대학생 이한열이 경찰이 쏜 최루탄에 맞아 사망한 일로 시위는 더욱 확대되었습니다.

김근태의 발언이 끝나자 잠시 조용했다가, 곧 법정이 떠나갈 듯한 박수가 이어졌다. 심지어 군인 방청석에서도 박수가 나왔다. 최애국은 고개를 푹 숙이고 있었고 나민주는 흐르는 눈물을 닦았다. 김딴지 변호사는 할 말을 찾지 못하고 머뭇거렸다.

김근태      제가 드리고 싶은 말씀은 그것뿐입니다. 또 제게 묻고 싶으신 말씀이 있습니까?

김딴지 변호사     없습니다.


　　판사는 김근태가 퇴장하는 뒷모습을 잠시 바라보다가 말했다.


**판사**     이의가 없다면, 오늘의 재판을 마무리하겠습니다. 제5공화
국에 관해 주장이 엇갈렸고, 많은 이야기가 있었습니다. 이제 일주
일 뒤 열리는 마지막 재판에서는 6월 민주 항쟁에 대해 집중적으로
다루기로 하겠습니다. 모두 수고하셨습니다.


　　땅, 땅, 땅!

안녕하십니까? 여기는 법정 앞입니다. 지금 막 두 번째 재판이 끝나고, 방청객들이 문으로 나오고 있네요. 이번에는 원고를 지지하는 방청객과 인터뷰를 나눠 보려고 합니다. 그런데 군인 방청객들이 누군가를 둘러싸고 이야기를 듣고 있는 것 같군요. 아, 방금 증인으로 나오셨던 김재익 경제 수석이군요. 저기요. 저는 법정뉴스의 다알지 기자인데 지금 무슨 토론을 하고 계십니까?

**다알지 기자**

**군인 방청객**

아, 기자님이세요? 우리는 지금 토론을 하는 게 아니고 강의를 듣고 있습니다. 이분이 바로 오늘 증언을 하신 제5공화국의 경제를 책임지신 경제 대통령, 김재익 수석님이시거든요. 양복을 입으신 몇몇 분들은 아웅산 테러 때 김 수석님과 함께 희생되어 이쪽으로 오시게 된 분들입니다. 오늘 재판에서 증언하신다는 걸 듣고 응원하러 오신 분들이지요. 제5공화국을 성공적으로 이끈 이분들처럼 훌륭한 분들을 뵙게 되어 큰 영광으로 생각하고 있습니다.

재판을 보셔서 아시겠지만 김 수석님은 제5공화국 때 경제를 발전시키기 위해 몸을 바치신 분입니다. 그래서 우리 경제가 선진국 수준에 가까울 정도로 성장할 수 있었던 거지요. 오늘날 대한민국이 잘살 수 있는 것도 당시의 정책 때문이에요. 그런데 역사는 그런 점을 독재라는 말로 인정하지 않으려 하고 있지요.

**김재익**

저승에서도 경제에 관심이 많은 분들이 많
으시네요. 제가 경제를 조금 아는 것 같으니까
자꾸만 이야기를 해 달라고 성화여서 법정 앞에
서도 강의를 하게 되었네요.

증언에서도 말씀드렸지만 제5공화국 때는 박정희 정권 때보다 더
높은 경제 성장률을 기록했습니다. 그 부분의 업적은 특히 높이 사야
한다고 생각합니다. 그 과정에서 실수도 있고 비리도 있을 수 있었겠
지만 건국 이후 최대라고 할 수 있을 정도의 경제 위기를 겪고 있을 때
였습니다. 어쩔 수 없었지요.

그리고 첫 번째 재판에서 말씀드리고 싶었는데 북한은 호시탐탐 기
회를 노리고 있었어요. 제가 아웅산 사건 때 목숨을 잃은 것을 보면 알
수 있지 않나요?

왜 6월 민주 항쟁이 일어났을까?

# 6월 항쟁은 어떻게 진행되었을까?

1. 국민에게 민주주의는 어떤 의미였을까?
2. 왜 대학생들이 목숨을 잃었을까?

## 1 국민에게 민주주의는
## 어떤 의미였을까?

**판사**    자, 그러면 이 재판의 세 번째 재판이자 마지막 재판을 시작하겠습니다.

오늘은 말씀드린 대로 '6월 민주 항쟁'이라 불리는, 1987년 6월 10일에서 6월 29일까지 서울을 비롯한 전국 각지에서 벌어졌던 민주화 촉구 시위에 대해 중점적으로 살펴볼 예정인데요, 혹시라도 이에 대해 잘 모르시는 배심원이나 방청객 분들이 있을지도 모르니, 그 내용에 대해 간단하게 알아보는 시간을 먼저 가졌으면 합니다.

**김딴지 변호사**    판사님, 이 재판의 피고이신 나민주 씨가 6월 민주 항쟁에 참여했다고 들었습니다. 이번 재판에서는 피고 신문 과정이 없었으니, 이 기회에 나민주 씨에게 당시의 상황을 듣고, 몇 가지 질문도 했으면 합니다.

**판사**　좋습니다. 그렇게 하세요.

**김딴지 변호사**　　고맙습니다. 피고는 1987년의 6월 민주 항쟁이 일어나게 된 배경을 이야기해 주시겠습니까?

**나민주**　　제5공화국의 신군부 세력은 민주 정치를 하는 시늉은 했어요. 어디까지나 시늉이지만. 그래서 군인들과 구정치인들 일부를 묶어서 민주정의당이라는 집권당을 만들고, 나머지 정치인은 민주한국당, 한국국민당이라는 야당으로 묶었는데 이들은 무늬만 야당이지 실제로는 허수아비나 다름없었어요. 그래서 민주정의당은 '민주정복당', 민주한국당은 '민주한심당'이라는 식으로 불리곤 했죠.

**김딴지 변호사**　　음, 지금 말씀하시는 것은 제5공화국 출범 직후의 이야기네요. 6월 민주 항쟁에 대한 이야기를 부탁드립니다.

**나민주**　　배경을 말해 달라면서요? 제5공화국이 어떤 식으로 정치했는지를 이해하는 게 먼저라고 생각합니다.

　그렇게 '무늬만 민주주의'가 이어지고, 언론은 철저히 통제되어 가택 연금 중이던 김영삼 씨가 단식 투쟁을 벌이고 미국에 쫓겨 가 있던 김대중 씨가 지지 성명을 내도 신문에 기사 한 줄 실리지 않는 상황이 이어졌죠.

　하지만 그런 물밑에서의 투쟁이 조금씩 효과를 내, 1984년에 김대중, 김영삼을 중심으로 하는 '민주화 추진 협의회'가 이루어졌어요. 그리고 이런 투쟁과 일부 깨어 있는 국민의 저항, 미국의 압력 등에 못 견딘 제5공화국 정권은 김대중, 김영삼 등의 정치 활동을 허용한다고 발표했죠. 민주 국가라고 하면서 정치인이 정치 활동을 해도 된다, 안 된다를 정부에서 규정하는 게 말도 안 되는 일이었지만……. 아무튼 그렇게 해서 두 사람을 중심으로 새로 만들어진 ▶신한민주당이 1985년 2월 12일의 총선에서 민주한국당 등을 누르고 거대 야당으로 떠오르면서 정권도 더 이상 민주화를 향한 국민의 열망을 무시할 수 없게 되었죠.

**김딴지 변호사**    흠.

**나민주**    그리고 당시 쟁점은 개헌이었어요.

**김딴지 변호사**    개헌이라고요?

**나민주**    네. 신군부가 12·12 사태와 5·17 쿠데타를 통해 집권하면서 멋대로 뜯어고친 제5공화국 헌법 및 선거법에는 사실상 국민이 원하는 지도자를 뽑고, 정권을 교체할 여지가 없었어요. 언론 통제와 북풍 공작, 그리고 약간의 선거 부정까지 써서 총선 때마다 민주정의당, 그러니까 민정당이 제1당이 되었는데, 안정적 국정 운영을 위해 제1당이 전체 의석의 약 3분의 1에 이르는 전국구 의석을 3분의 2나 차지하도록 했으므로 민정당은 무슨 이변이 일어나더라도 국회 과반수를 차지하는 구조였어요. 가령 선거에서 국민의 30퍼센트의 지지만 받아도, 20퍼센트가 넘는 국회 의석을 공짜로 받기 때문에 50퍼센트 이상의 의석을 차지하는 데는 지장이 없었다는 말이죠. 대부분의 법률이 국회 과반수 지지로 통과될 수 있었으니, 정부는 원하는 법률안을 땅 짚고 헤엄치기 식으로 통과시

킬 수 있었고 야당은 몸으로 막는 것 말고는 아무것도 할 수가 없었
어요.

　대통령 선거도 마찬가지였어요. 대통령 직접 선거가 부작용이 많
다면서 간접 선거 제도를 도입했는데, 그 제도에 따르면 국민은 원
하는 대통령 후보를 직접 뽑지 못하고 5000명 이상의 '선거인단'을
뽑아요. 그러면 그들이 대통령을 뽑는데, 마지막에 누굴 뽑을지는
그들 마음대로였으므로 '야당 후보를 뽑겠다.'고 해서 국민에게 뽑
힌 선거인도 여당 후보에게 얼마든지 투표할 수 있었어요. 그들을

**고문치사**
지나치게 심한 고문으로 인하여
죽게 한다는 의미입니다.

**호헌 조치**
헌법을 고치지 않고 보호하겠다
는 정책입니다.

구워삶아서 민정당 후보에게 몰표가 돌아갈 가능성은 불보듯 뻔했죠.

이렇게 제5공화국의 정치 제도는 독재 체제를 영원히 유지할 수 있도록 짜여 있었어요. 그래서 민주화를 하려면 제일 먼저 헌법부터 제대로 고치는 게 당연한 일이었죠.

**김딴지 변호사**  그래서 어떻게 되었나요?

**나민주**  신한민주당과 민정당 대표들이 1985년부터 1987년 초까지 계속 협상을 했지만, 계속 다람쥐 쳇바퀴 돌기였어요. 그럴 수밖에 없었죠. 민주적인 선거를 하면 자신들이 쓸려 나갈 것임을 뻔히 아는데, 민정당이 어떻게 민주적 헌법 개정에 동의할 수 있었겠어요.

국민들은 기다리다 지쳐서 분노가 극에 달해 있는데, 1987년 초에 정세를 급변시키는 두 가지 일이 터졌어요. 하나는 1월 14일의 서울대학교 박종철 씨의 고문치사 사건이었고, 다른 하나는 4월 13일의 '호헌 조치'였죠.

**김딴지 변호사**  음…….

**나민주**  박종철 씨, 아니 박종철 오빠는 바로 저기 있어요.

나민주는 방청석을 처다보며 손을 흔들었다. 잠자리 안경을 쓴, 얼굴이 흰 청년이 웃으면서 손을 흔들었다.

**나민주**  저분이 대신 증언하게 할까요?

**김딴지 변호사**  아니, 법정에서 그렇게 마음대로 하면 안 됩니다.

피고이자 증인은 지금 나민주 씨니까 계속 말씀해 주세요.

**나민주** 　박종철 오빠는 바로 김근태 선생님이 끌려가셨던 남영동 대공분실에서 고문을 받다가 스물셋의 나이로 세상을 떠났어요. 그런데 더 가증스러운 일은 그들이 사건을 은폐, 조작하려 했다는 거예요. 처음에는 '그냥 탁자를 탁 하고 쳤는데, 박종철이 억 하며 죽었다.'고 거짓 발표를 했어요.

그러나 박종철 오빠의 부검을 한 선생님들을 비롯한 여러 분의 용기 있는 노력으로 고문을 받다가 죽은 사실이 드러나자, 이번에는 사건 가담자 수를 줄이고 사건을 말단 직원이 함부로 저지른 일로 축소하려 했죠. 그나마 5월 18일에 진상이 드러나면서 전국은 '종철이를 살려 내라', '고문 정권 물러가라'는 구호로 뒤덮였어요.

**김딴지 변호사** 　으음…….

**나민주** 　게다가, 개헌 협상이 진척이 없는 상태에서 '4·13 호헌 조치'가 나왔어요. 헌법 개정의 시간 여유가 없으니 이번 대선은 기존의 헌법으로 치르도록 한다는 전두환의 발표였죠. 국민은 일제히 분노했어요. 민주화가 되나 보다 했는데, 독재자의 한마디로 물거품이 될 상황이었으니까요.

결국 박종철 고문치사 사건과 4·13 호헌 조치가 일으킨 분노의 불길이 전국을 뒤덮었고, 그것이 바로 '6월 민주 항쟁'으로 터져 나온 거예요.

지금도 생생히 그때를 기억해요. 모든 도시에, 거리에, '호헌 철폐', '독재 타도!' 구호가 메아리쳤지요. 코가 떨어져 나가고 눈이 보

이지 않을 정도로 최루 가스가 거리를 뒤덮었고, 전투 경찰들이 방패와 몽둥이를 휘두르며 진압하려고 했지만, 우리는 물러서지 않고 독재 타도를 외치며 거리를 달렸어요. 대학생만이 아니었죠. 회사에서 근무하다 뛰쳐나온 '넥타이 부대'가 합류했고, 아주머니들도, 할아버지들도, 심지어 중학생과 고등학생까지 시위에 뛰어들었어요. 변호사님, 아까 뭐라고요? 극소수의 좌익이라고요? 그때 우리가 외치던 소리는 모든 국민의 소리였어요!

**김딴지 변호사**　……!

**나민주**　결국 6월 29일, 정권이 손을 들었지요. 민정당 대통령 후보 노태우가 직선제 개헌안을 받아들이겠다는 '6·29 선언'을 한 거예요. 그때 떠도는 이야기로는 원래 탱크까지 동원하여 유혈 진압을 하려 했는데 미국 대사 등이 한사코 말려 그만두었다는 말도 있고, 노태우는 끝까지 버텨야 한다는 것을 전두환이 포기하자고 하면서 이미지 개선을 위해 노태우에게 6·29 선언을 하도록 했다고도 하는데 사실인지는 모르겠어요. 아무튼 마침내 꿈에 그리던 민주화가 결실을 맺는 날이었죠. '오늘 기쁜 날, 차 값은 무료'라고 써붙인 카페 사진이 신문에 크게 실리기도 했어요.

　그리하여 새 헌법이 만들어지고, 그에 따라 대통령 선거가 치러지면서 제5공화국은 끝이 났어요.

**김딴지 변호사**　네, 잘 알았습니다. 그런데, 그때의 일을 조금 다르게 생각해 보신 적은 없나요?

**나민주**　무슨 말씀이세요?

**다당제**
의회 정치 국가에서, 정당이 여
럿으로 분립된 체제를 말합니
다. 일당제와 상대되는 개념이
지요.

김딴지 변호사    계속 독재라고 하시는데. 제5공화국이 약
간 정통성에 문제가 있고 비민주적인 일도 했습니다만, 그
래도 나름대로 민주주의를 하려고 노력했다는 말입니다.

나민주    대체 제5공화국 때 누가, 언제, 어디서 민주주의
를 위해 노력했다는 거예요?

김딴지 변호사    우리나라만 생각하거나 서구 선진국들하고만 비교
하면 잘 모르겠지만, 사실 냉전 시대의 개발 도상국 중 온전한 민주
주의를 실천한 나라는 거의 없었습니다. 대부분 당시의 대한민국보
다 훨씬 비민주적이었고, 폭력적이었죠.

가령 제5공화국은 헌법에도 다당제를 명시했는데, 대만이나 터
키처럼 비교적 온건한 독재 국가였다고 평가받는 나라도 집권당만
을 인정하는 일당 독재를 했습니다. 그리고 대부분 종신 대통령제로
집권자가 죽을 때까지 권력을 놓지 않았고 신 같은 존재를 자처하며
개인 숭배까지 강요했습니다. 우리나라도 박정희 대통령이 계속 임
기를 연장하며 18년 동안 집권했지만 제5공화국의 전두환 대통령은
7년 단임제를 처음부터 못 박았죠.

그리고 말씀 중에도 제5공화국 정권이 김영삼, 김대중 등에게 정
치할 권리를 자진해서 돌려주었고, 6월 민주 항쟁을 무력으로 탄압
하지 않고 직선제를 받아들였다는 부분이 나오잖아요? 다른 개발
도상국 같으면 어림도 없는 일입니다. 1980년에 엘살바도르의 로메
로, 1983년에 필리핀의 아키노가 암살된 것처럼 유력한 반정부 지도
자는 제거되거나 미얀마의 아웅산 수지, 남아공의 넬슨 만델라처럼

영영 감옥에서 지내야 했지요. 그리고 아르헨티나의 비델라, 수단의 오마르 알 바시르, 중국의 덩샤오핑 등은 모두 민주화를 요구하는 시민 수천, 수만 명을 대량 학살하며 정권을 유지했습니다.

그에 비하면 제5공화국 정권은 당시를 일종의 과도기로 생각하고, 당장은 전면적인 민주주의를 허용할 수 없지만 차차 민주화의 수준을 높여 떳떳한 선진 국가로 나아가려 했던 것 같아요. 앞서 김재익 수석 때 OECD에 가입하려 했다는 점이나 올림픽을 개최했던 점을 봐도 그렇습니다.

**나민주** 당시 정부는 국민의 힘이 무섭고 미국의 압력 때문에 '할 수 없이' 민주화에 응한 거라고요!

**김딴지 변호사** 그건 증인의 추측일 뿐이죠. 노태우 대통령 후보가 토론회에 나갔을 때 6·29 선언이 국민에게 항복한 것 아니냐는 질문을 받고 '항복 맞다. 국민이 원한다면 백번이라도 항복하겠다.'라고 말했습니다. 그리고 노태우 후보가 김영삼, 김대중을 제치고 대통령에 뽑힌 것은 국민이 화답한 증거가 아닐까요?

**나민주** 노태우가 대통령이 된 건 지금 생각해도 분통이 터지지만, 그건 김대중, 김영삼 두 사람이 단일화를 못하고 각자 나와서 그런 거지 노태우의 메시지를 국민이 화답했다는 말은 이해하기 힘드네요.

**김딴지 변호사** 정말 국민이 제5공화국을 소름 끼치게 싫어했다면, 노태우에게 가장 많은 표를 주지는 않았겠죠. 국민은 피를 흘리지 않고 민주주의를 이루게 해 준 제5공화국 정권에 대해 감사하는 마음이 있었던 것이 아닐까요?

**나민주**　말씀이 심하시네요. 국민은 주권자입니다. 정권이 마치 선심을 베풀 듯 던져 주는 민주주의를 감사히 받아먹는 존재가 아니라고요!

**김딴지 변호사**　과연 당시 국민이 바라던 민주주의는 대체 뭘까요?

**나민주**　그건 또 무슨 소리예요?

**김딴지 변호사**　옛말에 백성은 먹을 것을 하늘로 삼는다는 말이 있는데, 일반 국민은 일단 기본적인 경제 조건이 충족된 다음에 민주주의니 인권이니 따진다는 뜻입니다. 그래서 대중이 절박하게 반정부 운동을 할 때는, 그 정부가 기본적인 경제 조건을 채워 주지 못할 때인 경우가 많죠. 4·19 혁명이나 부마 항쟁도 당시의 극심한 경제난이 중요한 원인이었습니다.

　하지만 6월 민주 항쟁은 다릅니다. 경제 조건은 대한민국 역사상 비교하기 힘들 정도로 좋았습니다. 그런데 왜 그런 대규모의 민주화 시위가 있었을까요? 바로 경제가 어느 정도 충족되니, 정치도 선진국들과 비교해 손색이 없기를 바랐던 것입니다. 박종철 사건 등이 어느 정도 영향을 주었겠지만, 대다수 국민은 4·19 혁명 때처럼 '못 살겠다 갈아 보자'는 절박한 심정에서 시위에 참여한 게 아니었죠.

　그래서 직선제 개헌이 받아들여지자, 국민은 만족했으며 제5공화국 출신이라고 특별히 배척하지 않았던 것입니다. 그 결과 제6공화국이 탄생한 것이고요. 결론적으로, 6월 민주 항쟁은 '독재 타도'보다는 '호헌 철폐'에 중점을 두고 있었고, 국민이 바라는 민주주의는 좀 지연되고 있었지만 어차피 정권이 도입하려던 민주주의였습니다. 6월 민주 항쟁은 제5공화국을 끝냈다기보다 완성했다고 봐야 합니다.

**나민주** 기가 막혀서 말이 안 나오네요. 저도 분명히 당사자였고, 국민의 일원이었다고요! 우리는 목숨을 걸고 제5공화국을 끝장내려 했어요!

**김딴지 변호사** 낭만적 이상에 불타는 대학생들이야 그랬겠죠. '극소수의 좌익'도요. 하지만 제가 말씀드린 건 대다수의 국민입니다.

**나민주** 정말, 답답하군요. 우리의 민주화 투쟁이 이렇게 멸시를 받다니…….

**김딴지 변호사** 오해는 마십시오. 여러분은 새로운 시대를 위해 용기 있게 나섰으며, 여러분의 노력으로 역사는 움직였습니다. 다만 여러분만이 역사를 움직인 것은 아니라는 이야기입니다. 질문을 마치겠습니다.

**판사** 피고 측, 질문하시겠습니까?

**이대로 변호사** 나민주 씨 대신, 다른 증인을 모시려고 합니다.

**판사** 알겠습니다. 원고 측은 증인을 부르세요.

# 2 왜 대학생들이
## 목숨을 잃었을까?

티셔츠에 청바지를 입은 청년이 밝은 표정으로 증인석으로 나왔다. 청년은 증인 선서를 하고 증인석에 앉았고 그를 알아본 방청객들이 손을 흔들었다.

**이대로 변호사**    어서 오세요. 이한열 씨.

**이한열**    안녕하세요. 증언이라는 걸 저승에 와서 처음 해 보네요? 왠지 긴장되는군요.

**이대로 변호사**    먼저 자기 소개부터 해 주실까요?

**이한열**    제 이름은 이한열이고 연세대학교 경영학과 2학년이던 1987년 6월 9일에 학교 정문 앞에서 시위를 하다가 경찰이 쏜 **최루탄**에 맞아 이곳에 오게 됐습니다.

**이대로 변호사**    당시 상황을 조금 자세히 설명해 주시겠습니까?

**이한열**    저는 당시 총학생회 일꾼이어서, 여느 때처럼 학우들 앞에서 시위를 이끌고 있었죠. 구호를 외치며 교문을 나서는데 신촌 거리를 가득 메운 전경들이 막아섰고, 최루탄을 발사했어요. 우리는 일단 뒤로 돌아 도망치고, 조금 뒤 다시 모여서 경찰들과 대결하는 식으로 맞섰는데 그날도 그렇게 했죠.

**이대로 변호사**    그렇게 흩어졌다 모였다를 되풀이하는 까닭은 뭔가요?

**이한열**    일단 최루탄이 주변에 떨어지면 서 있을 수가 없습니다. 눈도 따갑고 코도 맵고……. 그리고 빨리 도망치지 않으면 우리가 '백골단'이라고 부르던 하얀 헬멧을 쓴 특수 경찰들이 몰려옵니다. 그들은 몽둥이찜질을 하고 학생들을 잡아갔어요. 시위 때마다 몇 명씩 잡아가지 못하면 백골단 사람들도 크게 기합을 받는다더군요. 그래서 필사적이라고.

**이대로 변호사**    그렇군요. 그런데 어쩌다가 최루탄에 맞으신 거죠?

**이한열**    최루탄은 원래 15도 각도로 위쪽을 향해 발사하고, 사람을 겨누지 말아야 하는데 가끔 사냥하는 것처럼 직격으로 쏘는 경우가 있습니다. 저도 그런 경우였죠. 땅에 떨어져 마구 뿜어져 나오는 최루 가스 속에서 학우들에게 후퇴하자고 외치고, 뒤를 돌아서 막 뛰려던 순간이었습니다. 그런데 갑자기 눈앞에 불이 번쩍했어요. 그 순간에는 무슨 일이 일어났는지 몰랐는데, 어느새 제가 아스팔트 위

**최루탄**
눈물샘을 자극하여 눈물을 흘리게 하는 약이나 물질을 넣은 탄환으로 주로 시위대를 해산하기 위해 사용하였습니다.

에 엎어져 있더군요. 최루탄이 제 뒷덜미를 강타한 거예요. 어릴 때부터의 일이 주마등처럼 눈앞을 스쳐 가고, 어머니 얼굴이 보이고, 어떻게든 살아야겠다는 본능으로 피를 철철 흘리며 바닥을 엉금엉금 기는데, 누가 절 붙잡아 일으켰어요. 한 학년 위의 김종원 형이었죠. 의식이 멀어져 가는 중에도 형이 제 이름을 부르며 울고 있는 걸 알았어요.

저는 '형, 울지 마. 나 괜찮아.'라고 말하고 싶었지만 그럴 수 없었어요. 마치 누가 불을 꺼 버린 것처럼 눈앞이 새까매졌거든요. 오랫동안 의식을 잃고 병원에 누워 있었는데, 6·29 선언을 발표한 직후인 7월 5일, 제 몸이 갑자기 공중으로 두둥실 떠오르는 걸 느꼈습니다. 그렇게 영혼이 몸과 분리되면서 저는 죽었어요.

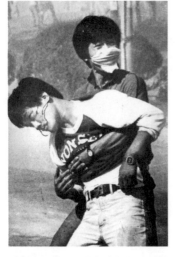

최루탄을 맞고 쓰러진 이한열. 이 사진은 6월 민주 항쟁이 일어난 기폭제가 되었습니다.

방청석에서 훌쩍거리는 소리가 났고 이대로 변호사도 고개를 숙이고 눈물을 훔쳤다.

**이대로 변호사**  ……정말, 정말 불행한 일입니다. 그때 나이가 몇이셨죠?

**이한열**  스물두 살이었습니다.

**이대로 변호사**  아아, 어째서 이런 일이 일어나야 하는 걸까요? 스물셋의 박종철, 스물둘의 이한열……. 왜 나이 든 사람들이 만들어 놓은 거지같은 세상 때문에 젊은이들의 피가 뿌려져야 했을까요?

**이한열**　　뭐, 저야 어느 정도는 사고라고도 볼 수 있지만 정말 억울한 죽음은 종철이 형이었죠. 그러고 보면 4·19 혁명 때도 김주열 형이 저처럼 최루탄에 맞아 숨지면서 국민의 분노에 불을 붙였다고 해요. 불행한 일이지만, '민주주의는 피를 먹고 자란다.'는 말도 있잖아요. 평소에는 정권이 무서워 정의를 외면하던 보통 사람들도 누군가의 희생을 보면서 비로소 깨닫게 되는 게 아닐까 생각합니다.

**이대로 변호사**　　그런데 과격 시위를 하니까 그만큼 과격한 진압이 이루어진 거라고 생각하는 사람도 있지 않을까요? 시위 학생들도 화염병이나 돌멩이 등을 전경들에게 던지고는 하지 않습니까?

**이한열**     전경들에게는 개인적으로 미안한 마음도 있습니다. 하지만 제5공화국 정권이 그렇게 만들어 갔어요. 헌법에도 보장되어 있던 '집회의 자유'를 보장해야 하는데 정치 집회다 싶으면 무조건 강제 해산시켰거든요. 그래서 해산하지 않으려 돌을 던지고, 저쪽은 최루탄을 쏘고, 이렇게 악순환이 된 겁니다. 또 언론이 완전 통제되어 있어서 어지간한 시위는 신문에 실리지도 않았어요. 그래서 시위를 알리기 위해 더 과격해진 이유도 있습니다.

**이대로 변호사**     그렇군요. 그런데 1987년 국민 대다수는 절박하게 민주화를 바라던 것이 아니었고 학생들과 소수의 좌익만이 너무 앞서 나간 것이라는 말에 대해서는 어떻게 생각하세요?

    이한열은 한동안 말을 잃고 허탈한 표정을 짓다가 대답했다.

**이한열**     대체 누가 그런 말씀을 하셨는지 모르겠지만 6월 민주 항쟁의 현장에 계셨던 분은 아닌 것 같네요. 거기 계셨더라면 그런 말씀은 못하셨을 겁니다. 저도 한 달 정도 의식 불명이었기 때문에 그 현장을 직접 보지는 못했습니다.

    하지만 혼이 되어 7월 9일, '이한열 열사 민주국민장'에 모여든 사람들을 보았습니다. 제가 뭐 한 것도 없는데 열사라는 이름을 붙여 주고, 제 죽음을 애도하기 위해, 마침내 쟁취한 민주주의를 축하하기 위해 모여든 10만 명의 사람들이 시청 광장을 발디딜 틈도 없이

메운 모습에 가슴이 뭉클해졌습니다.

학생만 있는 게 아니었어요. 중년의 회사원에서 애를 업은 아주머니, 수염이 허연 할아버지, 아직 애티가 완연한 고등학생……. 모두 저의 죽음에 눈물을 흘렸고, 민주주의를 바라는 노래를 불렀습니다. 그중 하나가 이랬죠.

이한열이 나직하게 노래를 부르자 나민주와 방청객 몇몇은 노래를 따라 불렀다. 비장하고도 웅장한 합창이 법정을 가득 메웠다.

내 머리는 너를 잊은 지 오래,
내 발길도 너를 잊은 지 너무도 오래

오직 한 가닥 타는 가슴 속 목마름의 기억이,
네 이름을 남몰래 쓴다.

타는 목마름으로,
타는 목마름으로,
민주주의여, 만세.

살아오는 저 푸르른 자유의 추억,
되살아나는 끌려가던 벗들의 피묻은 얼굴!

떨리는 손, 떨리는 가슴, 치 떨리는 노여움에
서툰 백묵 글씨로 쓴다.

타는 목마름으로,
타는 목마름으로,
민주주의여, 만세.

만세, 만세.
민주주의여, 만세.

이한열은 저도 모르게 흐른 눈물을 닦고 말을 이었다.

**이한열**　　아시겠어요? 그때 국민 모두는 저마다 타는 목마름으로 민주주의를 바랐습니다. 하지만 적들의 힘이 너무 강하고 무서워, 그 이름을 '남몰래' 쓸 수밖에 없었습니다.

민주주의는 사람의 일상과는 큰 상관이 없을지 모릅니다. 보통 사람은 하루 종일 민주주의나 정의를 생각하며 살지는 않습니다. 주식 투자, 드라마, 만화, 게임, 프로 야구 중계 등이 일상의 관심사가 되겠죠. 하지만 그것만으로만 사는 사람은 없습니다. 그것만으로 만족하고 살 수 있다면 사람이 아닙니다.

당시 국민에게 민주주의는 무엇이었을까요? 제 생각에 그건 일종의…… 사랑하는 임과 같았을 겁니다. 방금 부른 노래에서 표현된 것처럼요. 하긴 누가 그러더라고요. 사랑은 커피와 같다고. 그 맛이 쓰지만 마시다 보면 중독되고, 가슴이 두근거려 잠이 안 오고…… 그리고 무엇보다 커피만 마셔서는 살 수가 없기 때문이라나요. 하하.

하지만 바꿔 말하면 커피조차 마실 수 없는 삶은 정말 따분하겠죠. 사랑도 그래요. 사랑이 밥 먹여 주는 것은 아니지만, 사랑할 수 없는 삶이 무슨 가치가 있을까요? 민주주의도 마찬가지입니다. 적어도 그때 그 시절에, 국민은 민주주의를 사랑하고 있었어요. 남몰래 말이죠.

그런데 민주화가 이루어진 뒤에는 오히려 민주주의에 대해 고개를 젓는 사람이 늘었다고도 합니다. 단일화를 이루지 못한 김대중,

김영삼 씨를 비롯한 정치인들이 준 실망, 점점 어려워지는 경제 등이 이유겠죠. 하지만 그런 건 사랑한 끝에 결혼한 연인 사이에서 가끔 찾아오는 권태감과 사랑 싸움이 일어나는 것과 비슷해요. 결국 화해하고 서로를 배려하며 함께 헤쳐 나가죠. 사랑이 있는 한 말이에요.

하지만 우리는 민주주의를 원했고 민주주의는 우리에게 와야 했어요. 하지만 그들은 우리가 민주주의를 누릴 자격이 없다고 생각했고, 어렵게 얻은 기회를 군홧발로 뭉개 버렸죠. 그래서 우리는 분노하고, 투쟁했던 거예요. 그 결과 대한민국 국민과 민주주의는 행복을 얻었습니다. 해피엔딩이죠. 그렇지 않습니까?

이한열이 증언을 마치자 방청석에서 박수가 터져 나왔다. 김딴지 변호사가 못마땅한 얼굴로 반대 신문을 하려고 자리에서 일어나려는 순간이었다. 갑자기 원고인 최애국이 자리에서 벌떡 일어났다.

**최애국** 　그만, 이제 그만! 이 재판은 이것으로 끝내세요!

모두 깜짝 놀라 최애국을 바라보았다.

김딴지 변호사 　최애국 씨, 지금 뭐 하시는 겁니까?

**최애국** 　저는 이 소송을 취하하겠습니다.

김딴지 변호사 　하, 하지만 최애국 씨!

**판사** 　원고!

**최애국**　몰랐습니다. 그렇게까지 젊은이들이 괴로워하고 모두들, 그토록 힘든 삶을 살았다는 사실을 모르고 있었습니다. 쿠데타도 비민주도 오직 나라를 위한 일이라 생각했지만 제 생각이 틀렸습니다. 저는 이 소송을 취하합니다.

최애국은 이렇게 외치고 바닥에 주저앉아 울음을 터뜨렸다.

"지금 뭐 하는 거야?"

"이 배신자!"

방청석의 군인들이 고함을 지르며 지금 한 말을 취소하라고 했지만, 최애국은 꼼짝도 하지 않았다. 그때 나민주가 조용히 최애국에게 다가가 들먹이는 어깨에 손을 얹었다.

김딴지 변호사는 멍한 얼굴로 멀거니 서 있고, 이대로 변호사는 안경을 벗어 닦았다. 상황을 지켜보던 판사가 판결봉을 두드리고는 말했다.

**판사**　원고 측에서 소송을 취하했으므로, 이 재판은 여기서 마치도록 하겠습니다. 결론이 나지 않았고, 따라서 승자도 패자도 없지만, 양쪽에서 준비한 최후 진술이 있다면 잠시 뒤 들어 보겠습니다. 모두 수고 많으셨습니다. 재판을 마치겠습니다.

땅, 땅, 땅!

**다알지 기자**

　오늘 열린 6월 민주 항쟁과 관련한 재판은 갑작스럽게 끝이 났습니다. 원고인 최애국 씨가 재판 도중에 고소 취소를 선언했기 때문인데요, 최애국 씨와 인터뷰를 하고 싶었는데 서둘러 법정을 빠져나가서서 피고인 나민주 씨와 인터뷰를 해 보겠습니다. 아, 그런데 박종철 씨와 함께 계시네요. 이번 재판에서는 증인으로 나서지 않았던 분인데 소감이 어떤지 인터뷰해 보겠습니다.

박종철

　이번 재판을 지켜보는 내내 얼마나 많이 분노하고 또 얼마나 많이 울었나 모르겠습니다. 제가 당장 증인석으로 뛰쳐나가 증언을 하고 싶었지만 한열이가 솔직하면서도 감동적으로 증언을 잘한 것 같아요. 저라면 그처럼 담담하게 하지 못했을 것 같아요. 요즘에도 남영동 대공분실에서 받았던 끔찍한 고문을 생각하면 몸이 떨리고 왜 이렇게 일찍 이곳에 와야 했을까 하는 생각이 들거든요.

　군인들이 정권을 잡을 수밖에 없었다, 국민의 자유를 제한한 건 어쩔 수 없었다는 이야기를 들었을 때는 한숨만 나왔습니다. 그들이 그렇게 생각하고 있었기 때문에 우리도 어쩔 수 없이 거리로 나왔던 겁니다. 이 나라의 자유로운 국민으로 살아가기 위해서, 모든 국민이 자유롭게 살아갈 수 있게 만들기 위해서였죠.

나민주

재판이 끝까지 갔어도 우리가 승리했겠지만 원고인 최애국 씨가 소송을 취하한다는 말에 깜짝 놀랐어요. 제5공화국 정권에 대해 누구보다 자부심이 강한 분이셨는데 갑자기 재판을 끝내라고 하시며 눈물을 흘리실 때는 안쓰러운 마음까지 들었어요.

나라를 위한 일이라고만 생각했지 탄압을 받은 젊은이나 시민들에 대해서는 미처 모르고 있었던 것 같았어요. 원고를 지지하던 사람들이나 이승에 살아 있는 사람들도 6월 민주 항쟁을 비롯한 민주화 투쟁에 대해 모르고 있을 거라는 생각도 들어요. 얼마나 많은 사람들이 희생되었는지, 그러한 희생으로 무엇을 얻었는지.

그리고 꼭 한국사법정에 서야 할 사람들이 아직 살아 있어서 좀 더 기다려야 할 것 같아요. 그때가 되면 그들도 반성하고 용서를 구할까요?

시대적 상황 때문에 자유를 제한했을 뿐
제5공화국은 많은 업적을 이루었다
VS
국민의 자유와 생명을 위협하는
용서할 수 없는 정권이다

**판사**　원고가 소송을 취하하면서 재판이 종료되어 최후 진술을 할 마음이 안 나실지 모르겠지만, 오랫동안 준비한 일이니 마무리를 한다는 생각으로 최후 진술을 해 주시기 부탁드립니다.

김딴지 변호사　존경하는 판사님, 배심원, 그리고 방청객 여러분! 잘 아시겠지만, 지금 저는 원고 측을 대표해서 이 자리에 나와 있지 않습니다. 제 의뢰인이 이미 소송을 취하했기 때문입니다. 그러므로 제가 드리는 말씀은 변호사 김딴지의 개인 의견일 뿐입니다.

　제 나름대로 이 재판을 준비하면서 배운 내용이 있었고, 그 내용을 정리해서 말씀드리는 것이 제가 마지막으로 해야 할 도리가 아닐까 생각합니다. 그래서 다음과 같이, 간단히 말씀을 드립니다.

　첫째, 제5공화국의 비민주적인 성격은 부정할 수 없습니다. 그러나 시대가 나빴습니다. 당시 우리나라는 최악의 후진국에서 중진국으로 막 일어서려는데, 박정희 대통령의 서거와 석유 파동 등으로 위기에 처해 있었습니다. 북쪽에는 동족상잔의 비극을 일으키고, 그 뒤로도 끊임없이 남침 기회를 노리던 북한이 있었고 그들의 뒤에는 초강대국 소련과 중국이 있었습니다.

그런 상황 속에서 일시적으로 국민의 기본권을 제한하고, 경제 살리기와 외교 국방의 내실을 기하는 데 총력을 기울였다고 그것이 큰 잘못이라고 단죄할 수 있을까요? 그럴 수는 없습니다.

둘째, 제5공화국은 많은 것을 해냈습니다. 경제를 되살렸을 뿐 아니라 크게 발전시켰습니다. 교육 정책에서 평등의 원칙과 인성 교육의 목표를 세웠고, 문화적 다양성과 활력을 불러일으켰습니다. 올림픽 유치와 시장 개방 추진을 통해 나라 밖으로 나아가려 했습니다. 오늘날 대한민국의 발전이 제5공화국에 많은 빚을 지고 있음을 잊지 말아야 합니다.

마지막으로, 제5공화국은 과격하고 급진적인 민주화를 경계했을 뿐 민주주의를 포기한 것은 아닙니다. 그래서 자칫하면 천안문 사태와 같은 일이 벌어졌을 6월 민주 항쟁 때 미련없이 국민에게 항복했습니다. 그 뒤에 이어진 이른바 민주 투사들의 정치는 어떤 모습이었습니까? 지역주의, 금권 정치, 밀실 정치 등으로 얼룩져 힘차게 도약하던 우리의 발걸음은 갈수록 무거워지고, 또 다른 위기마저 맞지 않았던가요?

그러므로 저는 아직 전면적인 민주주의를 할 때가 아니라고 여긴

제5공화국의 생각이 아주 어이없는 것이라고 생각하지 않습니다. 제가 하고 싶은 말은 이상입니다.

재판 도중에 한 분이 제게 그러셨습니다. 악인은 변호해도 절대 악은 변호하지 말라고요. 옳은 말씀입니다. 하지만 저는 되묻고 싶습니다. 과연 제5공화국이 절대 악인가? 그리고 세상에 과연 절대 악이라는 게 있는가? 법은 누군가를 선과 악으로 뚜렷이 구분한다기보다, 누군가의 선한 점을 칭찬하고 악한 점을 벌주기 위해 존재하는 게 아닌가?

오랫동안 감사했습니다. 부디 안녕히 계십시오.


김딴지 변호사가 말을 끝내고 자리로 돌아오자 이대로 변호사가 앞으로 나왔다.


**이대로 변호사**　　　여러분! 우리는 그동안 아픈 역사를 살펴보았습니다. 불과 얼마 전이었지만 지금과는 굉장히 다른 세상이 펼쳐져 있던 시대를 보았습니다.

그 세상에서 안전한 사람은 없었습니다. 누구나 불시에 경찰에 잡혀가고, 밀실에서 고문을 당할 수 있었습니다. 군대에 강제로 끌려갈 수도 있었습니다. 당시 의문사라는 이름으로 일찍 이승을 떠난 많은 사람들 중에는, 지금까지도 그 죽음의 진상이 밝혀지지 않은 사람도 있습니다.

또한 공평하지 않았습니다. 일자리가 많다고, 물가가 싸다고 했지

만 노동자들에게는 딴 세상 이야기였습니다. 과외를 금지했다지만, 부유한 집의 자식들은 큰돈을 주고 비밀 과외를 했습니다.

그리고 그 세상은 즐겁지 않았습니다. 컬러 텔레비전에서 코미디언이 엉덩이를 뒤뚱대며 뭔가 보여 준다고 뭐가 즐거웠겠습니까. 프로 야구에서 내가 응원하는 팀이 역전 만루 홈런으로 이기는 걸 본다고 얼마나 기뻤겠습니까. 우리가 즐겁게 살기 위해 가장 필요한 것은 다름 아닌 자유입니다. 그러나 당시 대한민국에는 자유가 없었습니다. 그러므로 아무도 즐거울 수 없었습니다. 감옥에서 텔레비전을 틀어 주고 운동 경기를 하게 해 준다고, 그 삶을 과연 얼마나 즐거워하겠습니까.

제5공화국이 공을 세운 것도 있다고 합니다. 그 말이 맞을지도 모르겠습니다. 그러나 제5공화국은 온갖 공을 덮고도 남을, 남고 남아서 두 세 번 더 덮을 수도 있을 잘못을 저질렀습니다. 그것은 무고한 국민의 피를 흘린 것입니다. 세상의 그 무엇이 사람의 생명만큼 귀중하겠으며, 국가의 그 어떤 책임이 국민의 생명을 보호하는 것보다 더 중요하겠습니까. 따라서 제5공화국은 천만 번 생각해도 용서할 수 없는 정권이며, 결코 태어나서는 안 되었을 정권이었습니다. 감사합니다.

**판사**　모두 수고 많았습니다. 재판으로 옳고 그름을 가리지는 못했지만 이 재판이 우리 현대사의 한 부분을 신중히 생각해 보는 계기가 되었으리라 믿습니다.

땅, 땅, 땅!

## 역사공화국 한국사법정 재판 번호 60  최애국 VS 나민주

---

### 주문

---

본 사건의 재판은 원고 측의 고소 취하로 성립되지 않았다. 따라서 원고가 애초에 고소를 하지 않은 것과 같은 상황이며, 제5공화국에 대한 공식적인 평가는 이로써 바뀔 이유가 없다.

---

### 판결 이유

---

최종 판결에 이르지 못했으나, 제5공화국의 공과에 대한 많은 논의가 행해졌다. 안보, 경제, 교육, 문화에 걸쳐 일정한 업적을 낸 제5공화국은 다만 폭력적이고 불법적인 방법으로 집권하여 집권자들의 사리사욕을 채우기만 했다고 보기에는 무리가 있을 수도 있다.

그러나 '성경을 읽으려고 촛불을 훔칠 수는 없다'는 말처럼, 비록 어느 정도의 업적이 있다고 해도 그것이 집권 과정과 통치 과정에서 제5공화국 주역들이 벌인 폭력, 불법을 정당화해줄 수 있는지는 의문이다. 또한, 업적이라고 하지만, 당시의 안보 상황이 과연 군사 쿠데타에 의한 긴급한 질서 회복이 절실한 것이었는지, 보다 균형 있고 후유증이 없는 방식으로 경제를 발전시킬 수는 없었는지, 자율을 내세운 교육은 과연 자율성을 진정한 가치로 여겼는지, 문화의 다채로움은 정치적 문제점을 덮기 위한 수단으로 활용되지 않았는지에 대해서도 의문을 거둘 수 없다.

결국 제5공화국의 공헌에도 불구하고 그 과실은 당시의 국민 대다수에게 제5공화국의 정당성을 받아들이지 못하게 하기에 충분했으며, 따라서 6월 항쟁이 일어날 수밖에 없었던 것으로 보인다. 그 과정에서 여러 사람의 희생과 고통이 빚어졌음은 안타까운 일이 아닐 수 없다.

비록 결론에 이르지 못했으나, 이제까지의 법정 논의를 지켜본 재판부로서는 제5공화국의 주역들을 일방적으로 단죄하거나 찬양하는 일보다 더 중요한 일이 있다는 생각에 이르렀다. 그것은 제5공화국의 역사를 잊지 않는 일, 그리하여 그 시대에 빚어진 아픔과 슬픔이 앞으로의 역사에 다시는 되풀이되지 않도록 경계하는 일이다.

그리고 이승과 저승의 제5공화국 주역들이 역사에서 푸대접을 받고 있다고 여긴다면, 더 나은 대접을 받기에 앞서 스스로 잘못을 돌아보고 뉘우치는 자세를 가져야 할 것이다. 그리고 자신들 때문에 피와 눈물을 흘려야 했던 여러 사람들에게 용서를 빌어야 할 것이다. 그래야만 참된 화합이 가능할 것이며, 더 빛나는 우리 역사의 미래가 이뤄지리라고, 본 법정은 확신한다.

역사공화국 한국사법정 담당 판사 정역사

# "역사에 딴죽을 걸어야
# 제대로 알 수 있다고!"

김딴지 변호사가 사무실에서 굳은 얼굴로 큰 가방에 책과 서류를 챙겨 넣고 있었다. 서류를 넘겨 보다가 휴지통에 던져 넣거나, 박박 찢어 버리기도 했다. 그때 얼마 전 그만두고 나간 비서가 문을 두드렸다. 김딴지 변호사는 말없이 하던 일을 계속했다.

"계시면서 왜 대답이……. 어머, 지금 뭐하시는 거예요?"

"보면 몰라요? 짐 싸고 있잖아요. 전 이제 은퇴합니다."

"은퇴라고요? 어째서요?"

"잘 아시잖아요. 천하의 김딴지라고 생각했는데, 최근 맡는 사건마다 줄줄이 패소하고, 이번에는 의뢰인이 멋대로 소송을 취하하기까지! 이젠 신물이 나요. 그만둘랍니다."

"그만두면 뭐하실 건데요?"

"아직 생각 안 해 봤어요. 하지만 뭐든 할 일이 있겠죠. 게다가 우리는 저승 사람들이니 굶어 죽을 걱정은 없잖아요? 하하하."

"……실망했어요."

"네?"

"영웅이건 위인이건 조금도 기죽지 않고, 반드시 딴지를 걸어서 그들의 비밀을 캐내시던 당당하신 모습은 어디로 갔죠? 재판이란 이길 때도 있고 질 때도 있는데, 그걸 못 참고 도망치는 건가요?"

"그러는 당신은요? 자꾸 패소해서 돈이 안 들어오고, 월급도 못 주니까 그만두고 나갔잖아요?"

"그거하고 이거는 달라요."

"뭐가 달라요? 좀 비켜 봐요. 그쪽 캐비닛도 정리해야 해요."

"변호사님, 생각을 바꾸세요. 저, 월급 못 받아도 좋으니까 다시 일할게요."

"안 비키실 거면 그냥 계셔요. 어차피 그만두는 마당에 정리가 뭐가 필요하겠어요. 이제 난 갑니다."

"기다리세요! 어쩌면 좋지?"

김딴지 변호사가 가방을 둘러메고 막 문을 나서려는데 누군가 성큼성큼 들어왔다.

"아니, 이게 누구신가? 여기는 웬일인가요, 이대로 변호사님?"

"그러는 김 변호사님은 뭐하시는 겁니까? 꼭 도망치는 사람처럼……."

"하하, 도망 맞아요. 김딴지라는 나 자신으로부터 도망치는 중이죠. 이젠 지긋지긋해졌거든요. 역사공화국 법정에서 서로 만날 일도 이제 없겠군요. 그동안 고마웠고, 많이 배웠습니다. 가끔은 이 변호사님이 보고 싶을지도 모르겠군요."

"정말 은퇴할 겁니까?"

"거짓말로 은퇴하는 수도 있나요?"

"정말 김 변호사님이 은퇴하시면, 난 이번 법정에서 당신이 했던 말대로 할 겁니다."

"네? 제가 했던 말이라고요? 제가 뭐라고 했는데요?"

"제가 자꾸 딴지를 건다며 딴지라는 이름을 저한테 줘야겠다고 했잖아요? 기억 안 나세요?"

"네?"

"김딴지 변호사님이 은퇴하면, 저는 이름을 딴지로 고칠 거예요. 그리고 이딴지 변호사가 되어서, 당신이 하던 일을 대신할 겁니다."

"이 변호사님……."

"김딴지 변호사님의 역할은 정말 중요해요. 일반적으로 알려져 있는 역사에 딴지를 걸고, 다른 방식으로 보려는 태도! 그런 태도가 있어야 우리는 역사를 보다 분명하게 알 뿐 아니라, 새롭게 알 수가 있는 거죠. 물론 그런 딴지가 무분별해서는 안 된다고 생각하고, 그래서 지금 이대로의 역사를 변호하는 입장에 서 왔습니다만, 딴지가 없어져야 한다고 생각하지 않습니다. 그러니까, 당신이 딴지를 그만두면 제가 나서서 딴지 걸고 다닐 겁니다."

"……."

　"당신이 자랑스러워했던 역할을 다른 사람이, 당신과 맞서 왔던 사람이 대신 해도 되겠습니까?"

　비서가 김딴지 변호사의 팔을 붙잡으며 말했다.

　"김 변호사님! 이 변호사님 말씀이 맞아요. 지금 그만두시면 안 돼요. 명예 회복을 하셔야죠."

　"어허, 그러니까 그 말은 여기 김 변호사님이 나, 이대로의 코를 납작하게 해야 한다, 이 말씀인가?"

"에, 그러니까, 그게요……."

"물론이죠! 그 큰 코가 언제까지나 납작해지지 않을 줄 알았어요?
두고 봐요. 다음에는 반드시 그렇게 될 테니!"

"김 변호사님! 생각 잘 하셨어요!"

이대로 변호사가 코를 문지르며 말했다.

"허허, 이거 내가 내 코 다칠 일을 꾸몄나 보군요. 하지만 잘 생각
했어요. 정말 잘 생각하셨어요."

김딴지 변호사는 기분이 좋아져 가방을 내려놓고 어깨를 으쓱
했다.

"헤헤, 솔직히 이번 사건도 의뢰인이 도중에 포기만 안 했으면 내
가 이겼을걸요?"

"말은 바로 하셔야죠. 이번 재판이 완전히 우리 쪽으로 승리가 기
울어진 건 누가 봐도 뻔했는데."

"무슨 천만의 말씀을……."

"두 분, 말씀 나누세요. 제가 차 한 잔 타 오죠."

"음. 그런데 차는, 더 이상 필요 없을 것 같아서…… 저기 쓰레기
통에 버렸는데."

"좋아요. 다시 시작하시기로 한 기쁜 날이니까, 제가 쏠게요. 저만
따라오세요!"

"허허, 덕분에 차 한 잔 얻어 마시게 되었네요. 아무튼 앞으로도
멋지게 겨뤄 봅시다. 잘 부탁해요, 김 변호사님!"

"다음엔 더 철저히 준비하셔야 할 겁니다. 아주 칼을 단단히 갈아

왜 6월 민주 항쟁이 일어났을까?

서 나갈 테니까요, 이 변호사님!"

　세 사람은 웃음꽃을 피우며 사무실을 나갔다. 빈 사무실에는 김딴
지 변호사가 꾸리다 만 가방만 덩그러니 남았고, 그 귀퉁이로, 이한
열이 사인을 해 준 6월 민주 항쟁 당시의 사진이 삐죽이 나와 있었다.

# 6월 민주 항쟁의 역사가 숨쉬는
# 경찰청 인권센터

경찰청 인권센터 외관

　서울시 용산구 1호선 남영역에는 '경찰청 인권센터'가 있습니다. 하지만 6월 민주 항쟁이 있던 1987년에는 그곳을 '남영동 대공분실'이라고 불렀습니다. 1976년 지상 5층의 규모로 신축되었고, 그 뒤 지상 7층으로 증축되어 '○○ 해양 연구소'라는 간판을 달고 있었지만, 사실 1970~1980년대 민주화 운동을 하던 사람들을 취조하고 고문하던 곳이었습니다. 지금은 과거의 잘못을 바로잡기 위해 인권센터로 조성되어 국민의 인권과 관련된 업무를 하고 있습니다.

　경찰청 인권센터의 별관에는 '아동·여성·장애인 경찰지원센터'가 있고, 본관 1층에는 인권센터가 설치되기까지의 역사를 소개하는 역사관, 홍보관 등이 있습니다. 2층과 3층은 고객 만족 모니터센터와 인권 상담실 등이 있지요. 그리고 4층에는 남영동 대공분실에서 고문을 받고 죽은 박종철 군을 기념하는 전시실이 있습니다. 5층에는 박종

4층 박종철 기념전시실과 5층 (구)조사실

철 고문치사사건이 발생했던 조사실을 원형 그대로 보존하고 있지요. 6층과 7층에는 각각 인권보호 담당관실과 경찰청 인권위원회실이 있습니다.

특히 5층에서 당시의 조사실을 볼 수 있는데, 서로 열리는 문이 지그재그로 되어 있어서 혹시 문이 같이 열려도 다른 방에 있는 사람을 볼 수 없도록 만들어져 있습니다. 또한 이 건물은 밖에서 볼 때 독특한 특징이 있습니다. 조사실이 있었던 5층만 좁고 가느다란 창이 나 있어 빛이 잘 들어오지도, 밖에서 안을 들여다보지도 못하게 만들어졌지요.

6월 민주 항쟁은 국민을 억압하는 정치를 바로잡기 위해, 억울하게 죽은 박종철 군과 같은 죽음이 없도록 하기 위해 국민이 한목소리를 내 시위를 벌인 일입니다. 이러한 역사의 한 면을 볼 수 있는 곳이 바로 경찰청 인권센터입니다.

**찾아가기** **주소** 서울 용산구 한강대로 71길(갈월동) **전화번호** 02)3150-2639

『역사공화국 한국사법정 60 왜 6월 민주 항쟁이 일어났을까?』와 관련한 논술 문제를 풀어 봅시다.

※ 다음 제시문을 읽고 물음에 답하시오.

(가) 6월 항쟁 과정에서의 희생도 적지 않았다. 교내 시위 도중 경찰의 직격 최루탄을 머리에 맞아 27일 만에 사망한 연세대 이한열 군의 비보는 국민의 분노를 자극시켜 최루탄 추방 캠페인과 추방대회로 승화됐고 많은 국민들의 지지를 받았다.

많은 희생 끝에 이룩된 6월 항쟁의 결과 '6·29 선언'에 이은 절차를 거쳐 12월 16일 대통령 직선에서 노태우 민정당 후보가 차기 대통령으로 당선됐다.

– 〈동아일보〉 1987.12.26

(나) 4월 11일 마산에서 김주열 학생 시신이 발견된 게 도화선이 되었다. 서울 지역 총학생회 간에 물밑 논의를 통해 19일 오전 9시 일제히 경무대와 중앙청 앞에 집결하는 것으로 행동 지침을 정했다. 서울 서부 지역에서는 홍익대와 연세대가 시위를 주도했다. 경무대 앞에는 대학생만 2만여 명을 헤아릴 만큼 엄

청난 군중이 몰렸다. 여기에 경찰이 무차별 총격을 가하면서
많은 희생자가 났다.

- 〈한국일보〉 2010.1.10

1. (가)와 (나)는 각각 6월 민주 항쟁과 4·19 혁명에 관한 내용을 담은
신문 기사입니다. (가)와 (나)를 보고 6월 민주 항쟁과 4·19 혁명의
공통점에 대해 쓰시오.

※ 다음 제시문을 읽고 물음에 답하시오.


민서 지원아, 너 혹시 6월 민주 항쟁이라고 들어 봤니?

지원 6월 민주 항쟁? 그게 뭐야?

민서 대통령이 자기 권력을 계속 유지하려고 해서 국민들이 들고 일어난 일이래. 1987년 6월에 일어났다고 6월 민주 항쟁이라 부른대.

지원 들고일어나? 어떻게?

민서 음, 다 같이 거리로 나가서 정부의 잘못을 큰 소리로 소리치고 시위도 하고…….

지원 시위?

민서 응, 많은 사람이 공공연하게 의사를 표시하여 집회나 행진을 하며 위력을 나타내는 일을 말해.

지원 텔레비전에서 본 적 있는 것 같아. 그러면서 서로 다치기도 하고 그러잖아.

민서 그렇지. 시위를 하려는 사람이랑 그걸 진압하려는 사람이랑 실랑이가 있을 수 있으니까.

지원 그럼, 그건 좀 아닌 것 같아. 6월 민주 항쟁도 그런 시위였다면 실망이야.

민서 어떤 점이?

지원 잘못된 것을 고치려고 하는 건 좋아. 그런데 꼭 그렇게 과격한 방법을 써야 할까?

민서  모든 시위가 과격한 건 아니야. 정부가 요구를 들어주지 않
      으니까…….

지원  그러니까 말이야. 하다 보면 몸싸움도 생길 수 있고 사람이
      다칠 수도 있는데 꼭 그렇게 해야 하는 걸까?

민서  그럼 정권이 잘못하는 것을 그냥 보고만 있어야 해?

지원  그냥 보고 있을 수만은 없지. 하지만 그렇다고 해서 서로 피
      를 흘릴 필요는 없지 않을까? 외국에 우리나라의 상황을 알
      리고 도움을 달라고 요청을 할 수도 있고, 서명 운동을 하는
      방법도 있겠지.


2. 위의 대화를 읽고, 민서와 지원이 중 한 명의 입장을 선택해 자신의 주
   장을 쓰시오.

-----------------------------------------------------

-----------------------------------------------------

-----------------------------------------------------

-----------------------------------------------------

-----------------------------------------------------

-----------------------------------------------------

-----------------------------------------------------

-----------------------------------------------------

-----------------------------------------------------

-----------------------------------------------------

해답 1  4·19 혁명은 1960년에 있었던 항쟁으로 자유당 정권이 이기붕을 부통령으로 당선시키기 위해 부정 선거를 저질러 이에 반발한 학생들을 중심으로 일어난 시위입니다.

한편 6월 민주 항쟁은 1987년 전두환 정권이 국민들의 민주화 열망을 억누르고 군사 정권이 장기 집권하려고 하자 이를 저지하기 위해 일어난 범국민적 민주화 운동입니다.

4·19 혁명과 6월 민주 항쟁은 시기도 다르고 일어난 배경도 다르지만 많은 공통점이 있습니다. 첫 번째, 민주화 운동이었다는 점을 꼽을 수 있습니다. 국민들의 민주화 열의를 무시한 정권에 대항해 일어났던 민주화 운동이었지요. 두 번째는 학생들의 희생이 국민들에게 자극을 주었다는 점입니다. 4·19 혁명은 김주열 학생의 시신이 발견된 것이, 6월 민주 항쟁은 이한열 군이 최루탄에 맞은 것이 국민에게 큰 자극이 되었지요. 세 번째 공통점으로 많은 희생이 뒤따랐다는 점을 꼽을 수 있습니다. 많은 국민들이 들고일어난 데다가 정부가 무력을 사용해 강경 진압을 했기 때문에 그 만큼 희생도 컸지요.


해답 2  지원아, 너의 말도 맞아. 피를 흘리지 않고 평화적인 방법으로 문제를 해결할 수 있다면 그보다 좋은 것도 없겠지. 하지만 시대적 상황을 생각하지 않고 당시의 사건을 이해할 수는 없는 법이야. 1980년대는 지금처럼 인터넷이나 통신 매체가 발달된 시대가 아니었어. 그래서 외국에 연락을 하거나 서로 의견을 주고받으려면 시간이 많이 걸렸지. 그래서 공통된 의사를 표시하기 위해서는 어쩔 수 없이 시위라는 형태가 필요했던 거야.

\* 해답은 예시로 제시된 내용입니다.

왜 6월 민주 항쟁이 일어났을까?

역사공화국 한국사법정 60

## 왜 6월 민주 항쟁이 일어났을까?

© 함규진, 2012

초판 1쇄 발행  2013년 1월 14일
초판 7쇄 발행  2022년 12월 1일

지은이     함규진
그린이      황기홍
펴낸이      정은영

펴낸곳      (주)자음과모음
출판등록    2001년 11월 28일 제2001-000259호
주소        10881 경기도 파주시 회동길 325-20
전화        편집부 (02) 324-2347  경영지원부 (02) 325-6047
팩스        편집부 (02) 324-2348  경영지원부 (02) 2648-1311
이메일      jamoteen@jamobook.com

ISBN  978-89-544-2360-1 (44910)